U0586318

基于发展视角的港口物流集群与跨境电商联动研究

舒旭丽◎著

中国原子能出版社

图书在版编目（CIP）数据

基于发展视角的港口物流集群与跨境电商联动研究 /
舒旭丽著 . -- 北京 ： 中国原子能出版社，2022.9
ISBN 978-7-5221-2155-0

Ⅰ．①基… Ⅱ．①舒… Ⅲ．①港口－物流－产业集群
－研究②电子商务－物流管理－研究 Ⅳ．① F252
② F713.365.1

中国版本图书馆 CIP 数据核字（2022）第 182725 号

基于发展视角的港口物流集群与跨境电商联动研究

出版发行	中国原子能出版社（北京市海淀区阜成路 43 号　100048）
责任编辑	杨晓宇　王　蕾
责任印制	赵　明
印　　刷	北京天恒嘉业印刷有限公司
经　　销	全国新华书店
开　　本	787 mm×1092 mm　　1/16
印　　张	12.75
字　　数	219 千字
版　　次	2022 年 9 月第 1 版　　2022 年 9 月第 1 次印刷
书　　号	ISBN 978-7-5221-2155-0　　**定　价** 72.00 元

作者简介

舒旭丽（1982 年 4 月—），女，浙江金华人，硕士，副教授，宁波职业技术学院教师，研究方向：智慧物流和物流管理创新研究。近年来开展物流管理专业核心课程的教学模式、"混合式教学"、在线开放课程等应用教学改革，参与物流管理专业国家级资源库建设，获得国家级和省级教学成果奖。主持和参与省教育厅、市社科院等部门关于智慧物流、物流人才发展、跨境电商物流类课题。发表学术论文 20 余篇。多年来指导学生参加物流管理专业技能大赛、大学生"挑战杯"竞赛等。

前　言

当今世界，经济正在朝着全球化的方向发展，区位一体化加快了步伐，各个国家的对外开放程度也在日益提高，世界经济的发展向着整体性迈进，这种情况下资源的全球配置就十分关键。一个国家和地区对外贸易的最重要渠道就是港口物流，国际贸易的货物运输无论是在古代还是现代大多是通过海运实现的，而海运的实力就十分依赖港口的装卸、仓储的功能，所以，任何国家和地区都十分重视港口的发展，因为它是国家国际贸易兴盛甚至经济发展的关键。由于国际生产分工和协作的作用，港口经过运输方式等转变已经发展成为综合性的现代物流平台。港口物流业在发展中逐渐开始呈现集聚发展趋势，并在港口等交通运输枢纽周边形成产业集聚，由此形成了港口物流集群。与此同时，随着社会发展，电子商务已经进入人们生活的方方面面，随着发展的不断深入，跨境电子商务进入大众的视野，并且在现代社会越来越流行起来，为人们的生活带去更多的便利。在全球发展跨境电商的大环境下，要想使跨境电商更加深入发展，对于港口国际物流模式的选择是一个十分关键的问题，需要尽快解决。基于港口物流集群与跨境电商的共同发展，这两者的协同水平对未来的产业发展进程有直接影响，所以，需要对两者的联动方向进行研究。

本书围绕着发展视角下的港口物流集群与跨境电商联动进行研究，全书共分为五大章节，第一章介绍了跨境电商理论基础，包括跨境电商的概述和跨境电商的发展；第二章主要阐述了跨境电商中物流的发展，从物流的相关概念，以及跨境电商与物流方面进行分析；第三章为港口物流的理论认识，介绍了港口物流的内涵、国外港口物流的发展以及我国港口物流的发展等内容；第四章为港口物流集群的发展，先对港口物流集群进行概述，又对港口物流集群的演变进行阐述，最后分析了港口物流集群服务的创新;第五章是针对港口物流集群与跨境电商联动的研究,具体分析了港口物流集群与跨境电商联动发展现状、港口物流集群与跨境电商联动机理分析以及港口物流集群与跨境电商联动发展路径。

作者在撰写本书的过程中,得到了许多专家学者的帮助和指导,参考了大量的学术文献,在此表示真诚的感谢。本书力求做到内容系统全面,论述条理清晰、深入浅出,但由于作者水平有限,书中难免会有疏漏之处,希望广大同行及时指正。

作者

目　录

第一章　跨境电商理论基础

随着全球经济一体化、信息化深入发展，以电子商务与物流、金融融合发展为显著特点的新型全球贸易方式——跨境电商正高速迅猛发展。本章从跨境电商的概述、跨境电商的发展等方面介绍了跨境电商。

第一节　跨境电商的概述

一、跨境电商的定义

随着经济全球化的发展，世界各国之间的贸易往来越来越频繁。消费者足不出户，就能轻松"全球购"，享受来自世界各地的优质产品。随着我国改革开放的逐渐深入，相关部门陆续出台实质性的利好政策，再加上 2019 年 1 月 1 日开始实施的《中华人民共和国电子商务法》① 的保驾护航，跨境电商进入健康、快速发展的新时期。

跨境电商的定义分为广义和狭义。从狭义上解释，跨境电商就可以直接看作是跨境零售。跨境零售指的是交易的主体分属在不同的关境，两者要借助计算机网络进行交易，同时也借助计算机网络完成支付结算，之后商品的交易运输则采用快件、小包等方式经过跨境物流运输到购买者手中，完成交易的行为。我们在国际上经常会听到 Cross-border E-commerce 的说法，其实就是指的跨境零售。狭义的跨境电商用海关的统计口径来说就是指网上的小包买卖，这种买卖的参与者

---

① 2018 年 8 月 31 日，第十三届全国人大常委会第五次会议通过了《中华人民共和国电子商务法》，于 2019 年 1 月 1 日正式实施，这是我国电商领域首部综合性法律。

基本上都是终端消费者，也就是 B2C 或者 C2C 的模式。随着跨境电商的发展，跨境零售消费者中不再只有终端的消费者，一些小额买卖的 B 类商家用户也会加入进来，我们可以称这类消费者为小 B 商家，但是我们很难在现实生活中将这类小 B 商家和 C 类个人消费者区分开来，两者之间也没有严格的界限，所以，我们通常会将这类小 B 商家也归为跨境零售部分。

从跨境电商的广义解释来看，跨境电商中不同关境内的交易主体通过电子商务的手段完成传统交易中的商品展示、交易洽谈和成交等环节，所有的环节都通过电子化的手段在电子商务平台上完成交易，并且线上支付结算，然后再通过跨境物流或者异地仓储的方式将商品送达到消费者手中，最终完成所有交易，是一种国际商业活动。广义的跨境电商主要的交易对象是部分商品，并不包含服务部分，这种广义的跨境电商包含了跨境零售，也包含了跨境电商的 B2B 部分。B2B 在跨境电商中线上成交和线下成交都包含，也就是除了在平台线上成交的部分，也包含线上经过交易洽谈而在线下成交的部分。

如果从更加广泛的意义上看，跨境电商就可以总结为电子商务在进出口贸易中的应用，传统的国际贸易流程经过了电子化、数字化和网络化的发展就是跨境电商。从这条意义上解释，跨境电商涉及的方面就更多了，包括货物的电子贸易、在线数据传递、电子资金划拨、电子货运单证等内容。只要涉及电子商务的应用，我们就可以将它归为跨境电商的部分。

二、跨境电商的分类

跨境电商按交易主体类型划分，主要分为 B2B、B2C、C2C、O2O 等若干种，其中 B2C、C2C 都是面向最终消费者的，因此又可统称为跨境网络零售；按服务类型划分，主要分为信息服务平台和在线交易平台；按经营主体划分，可分为第三方开放平台型、自营型和外贸电商代运营服务商模式。

（一）以交易主体类型分类

1. B2B 模式

B2B 模式即 Business to Business，这一模式指的是进出口企业通过第三方跨境平台发布商品信息，并在平台上完成商品交易，这一交易过程的双方都不是个人消费者，都属于企业用户，因此并不是终端消费。跨境电商 B2B 平台的服务可以分为两类，分别是信息服务和交易服务。当前，B2B 模式属于我国规模最大的跨境电商模式，中小企业纷纷参与到这种模式中。B2B 模式的代表平台有敦煌网、中国制造网、阿里巴巴国际站、环球资源网等。

2. B2C 模式

B2C 模式即 Business to Consumer，该模式的参与者是企业和个人消费者，进出口企业和海外的最终消费者在第三方跨境电商平台上完成交易。消费者先在商品平台上选购商品，然后直接线上下单支付，卖家企业通过线下的物流将商品运输交付给消费者。现代比较热门的 B2C 进口平台有亚马逊、天猫国际、京东全球购等，出口平台有全球速卖通（AliExpress）、DX、兰亭集势、米兰网等。

3. C2C 模式

C2C 模式即 Consumer to Consumer，这种模式的买卖双方一般都是个人买家卖家，不同关境的买家和卖家通过商品的线上平台选购商品并在线交易，卖家再通过跨境物流运送商品到买家手中。这种模式能够满足消费者的个性化需求，一般多为海外买手来实际执行，比较有代表性的平台有 eBay、洋码头与街蜜等。

4. O2O 模式

O2O 模式即 Online to Offline，该模式与上述几种模式有很大的不同，这种模式是线上线下相结合的服务模式，国内比较典型的有苏宁企业，既有苏宁易购网上商城也有线下实体门店，消费者可以在线上直接购物，也可以在线下实体店购物，这样也可以享受更加便捷的售后服务，或者在线下实体感受商品的质量然后在线上下单，满足不同用户的需求。跨境电商 O2O 模式中的平台有大龙网。

（二）以服务类型分类

信息服务平台：信息服务平台的核心是信息，该平台上主要是为境内外不同的商户提供一个线上营销的平台。供应商或者采购商都可以通过信息服务平台展示自己的商品服务信息或者需求信息，然后自主在平台上完成交易。代表性的企业有阿里巴巴国际站、环球资源网、中国制造网等。

在线交易平台：在线交易平台的功能是多方面的，在平台上我们可以看到企业、产品、服务等各个方面的信息，也可以在平台上进行搜索、咨询、对比、下单、支付、物流、评价等所有的购物环节。在线交易平台以其强大的功能逐渐发展成为跨境电商中的主要模式。比较有代表性的平台有很多，比如敦煌网、速卖通、DX、炽昂科技（FocalPrice）、米兰网、大龙网等。

（三）以经营类型（平台）分类

第三方开放平台：平台型电商搭建了线上商城，并将线上商城的服务优化整合，包含物流、支付、运营等各种服务资源，再让各个商家入驻商城，平台可以为商户提供跨境电商交易的服务。商家入驻平台需要给商城交一定的佣金和增值服务的佣金，这也是平台的主要盈利模式。第三方开放平台代表的企业包含速卖通、敦煌网、环球资源网、阿里巴巴国际站等。

自营型平台：自营型电商搭建了线上平台，将供应商的资源整合，然后选取合适的供应商通过低价采购商品，然后自己重新定价在平台上出售。自营型平台的盈利模式主要就是赚取买卖商品的差价。比较有代表性的企业有兰亭集势、米兰网、大龙网、炽昂科技等。

外贸电商代运营服务商：服务的提供商为一些外贸企业提供电子商务解决方案，这种方案是一站式的，企业可以委托服务提供商定制个性化的电子商务平台，服务商的盈利靠的就是企业支付的服务费用。代表性的运营服务商有四海商舟、锐意企创等。

三、跨境电商的特征

跨境电商行业在近些年发展十分迅猛，行业间的竞争也在不断加剧，这种竞争也催生出新的商业模式。跨境电商经过多年的发展已经进入整合、转型期。跨境电商的发展基础在于网络，网络空间不同于物理空间，是一种新的空间，网络空间也可以看成是一个由网址和密码组成的虚拟但客观存在的世界。跨境电商的特征和发展受到网络空间的价值标准和行为模式的影响，这种影响也使跨境电商拥有自己的特点。

（一）多边化

在传统的国际贸易中，往往是只有两个国家之间进行的贸易往来，是一种双边贸易，虽然也会出现多边贸易，但是这种多边贸易的本质是依靠多个双边贸易实现的，其结构是线状式的。跨境电商打破了这种直线型的交易模式，只需要一国提供一个交易的平台，就可以在多国之间直接贸易，贸易过程中无论是信息流、商流还是物流和资金流都可以多国同时参与，这种贸易也正是双边向着多边贸易的发展，其结构是网状的，这种多边化的贸易也使得世界的经济秩序重新洗牌。

（二）直接化

在传统的国际贸易中，一般都是由一国的进（出）口商通过另一个国家的出（进）口商集中进（出）口大批量的货物，货物进入到国内再进行层层分销，最后到达有进（出）口需求的企业或者消费者手中。传统的进出口的缺陷十分明显，环节很多，消耗的时间也比较长，成本也高。跨境电商就没有传统进出口贸易的缺陷，只需要利用电子商务交易和服务的平台，不同国家的企业之间、企业和消费者之间就可以在平台上直接交易，效率很高。

（三）高频化

跨境电商能够实现多个国家之间、企业和消费者之间进行直接交易，依靠的就是电子商务和服务平台。跨境电商的交易一般都是单个的企业或者单个的消费者的交易，所以货物量都是小批量的，并且有很大一部分属于单件的交易，消费者一般都是按照自己的需求购买，不会出现大批量的存货行为，因此交易的次数也比较多，频率高。

（四）全球化

网络本身具有全球化和非中心化的特点，是没有边界的媒介体。跨境电商的基础就是网络，因此跨境电商也具有全球化和非中心化的特征。

（五）无形化

数字化的产品和服务就是依靠互联网进行传输，数字化传输就是连接不同类型的媒介。无论是传输数据、声音和图像等都是依靠的网络进行的，在传输的过程中化成计算机数据代码的形式，本身是无形的。

（六）即时性

网络传输不受地域的限制，因此其传输的速度不会因为距离太远而延迟时间。在传统的交易过程中，人们交流的方式从信函发展到电报、传真，但是这些方式无一例外都会受到距离的限制在时间的长短上有差距，但是放到现代的电子商务上，距离的远近并不会影响接受信息的时间，一方发送消息，另一方几乎能达到同时进行消息的接收。

电子商务采用的是无纸化操作的方式，这也是电子商务的主要特征。

（七）数字化

信息网络技术经过不断的发展，促进了数字化产品的发展，诸如一些游戏、软件和影视作品等品类的商品是近几年的热门产品，并且其贸易量也在快速增长，跨境电商可以说是这类数字化产品的主要销售渠道。传统的国际贸易形式是对实物产品服务的，所以也就不适合现代的跨境电商交易，数字化产品的跨境贸易也就没有纳入海关等政府部门的监管中。

跨境电商本身具有全球性和非中心化的特征，使用电子商务的用户一般是很难识别其身份和其所在的地理位置的。消费者在线上交易的时候只会显示账号的信息，并不会显示真实的身份和自己的地理位置，但是交易还是能顺利进行，网络的匿名性保护用户的隐私。

四、跨境电商与传统国际贸易、国内电商的区别

（一）跨境电商与传统国际贸易的区别

传统的国际贸易方式都是线下跨境贸易，也就是普通的货物进出口贸易，从出口的流程上看，交易双方也就是出口公司和进口公司先对交易进行磋商，然后协议达成再签订合同，合同签订之后还要经历"货、证、船、款"四个业务过程，最后才算完成整个交易。在交易协商的过程中，如果进口商有另外的要求，出口商还需要投保，之后再制单结汇，办理出口退税。货物在进口上的流程和出口是

正相反的，进口商与出口商签订合同后还要申请进口许可，然后再进行结汇、进口报关、进口报检。与传统的进出口贸易不同，跨境电商在出口的时候需要将商品的信息资料做好，比如货物商品照片、质量、性能等各种信息等，然后将商品的详情上传到网络平台上供买家选择浏览，买方经过线上的对比选择选定好自己看中的商品下单，在平台上完成支付交易。商家在平台上接到订单会将商品交到物流公司手中，物流公司根据自己的物流系统将货物运用合适的方式配送出去，在办理了出口国和进口国的海关通关手续后，再将货物经由买家国家的物流运送到买家手中。

当前，跨境电商的使用者大多是中小企业，中小企业的资源和资金比较有限，所以往往会借助第三方综合服务平台来进行交易。企业可以利用第三方综合服务平台办理通关、出口退税等流程，一些非生产性的手续都可以交给第三方综合服务平台来办理，企业也可以节省自己的人力和时间。跨境电商的进口流程和出口流程是相反的。

跨境电商的优势是十分明显的，比如不受地域的限制、受贸易保护影响小、中间商比较少、交易的商品成本也比较低、利润率高等。但是跨境电商也不是没有缺陷的，在通关、结汇和退税上容易出现障碍影响，如果出现贸易争端不容易处理。我们将传统的国际贸易和跨境电商进行比较可以看出差异（表 1-1-1）。

表 1-1-1　跨境电商与传统国际贸易模式对比

项目	传统国际贸易	跨境电商
交易主体交流方式	面对面，直接接触	通过互联网平台，间接接触
运作模式	基于商务合同的运作模式	需借助互联网电子商务平台
订单类型	大批量、少批次、订单集中、周期长	小批量、多批次、订单分散、周期相对较短
价格、利润率	价格高、利润率相对低	价格实惠、利润率高
产品类目	产品类目少、更新速度慢	产品类目多、更新速度快
规模、速度	市场规模大，但受地域限制，增长速度相对缓慢	面向全球市场，规模大，增长速度快

续表

项目	传统国际贸易	跨境电商
交易环节	复杂（生产商—贸易商—进口商—批发商—零售商—消费者），涉及的中间商众多	简单（生产商—零售商—消费者商较少）
支付	正常贸易支付	需借助第三方支付
运输	多通过空运、集装箱海运完成，物流因素对交易主体影响不明显	通常借助第三方物流企业，一般以航空小包的形式完成，物流因素对交易主体影响明显
通关、结汇	按传统国际贸易程序，可以享受正常通关、结汇和退税政策	通关缓慢或有一定限制，无法享受退税和结汇政策（个别城市已尝试解决）
争端处理	健全的争端处理机制	争端处理不畅，效率低

1. 交易环节上的差异

在传统国际贸易中，信息流、资金流和物流是相互分离的，而跨境电商交易通过线上的 B2C 电子商务平台可以将这三个流程一起完成，同时进行。在传统的国际贸易中，一般都是发生在企业之间的，这种贸易方式的缺陷十分明显，比如十分依赖传统销售、买家和卖家的需求都是封闭的、订单完成的周期十分长、汇率的风险也很高、整体的利润也比较低。但是跨境电商贸易中，中间商的环节延伸到了零售的环节，这样就使得在整个贸易+销售链中逐渐弱化了进口商、批发商和分销商甚至零售商的功能，减少这些环节对商品的垄断，降低了商品的销售成本，出口贸易的对象从单纯的消费者增加到了个体批发商、零售商，贸易环节减少，价值链缩短，使得交易的渠道更加扁平化，成本降低，企业更加能从交易中获得利润，也给消费者带来更多的便利和实惠。

2. 产业链条上的差异

我国的传统贸易中，国内企业所占的位置往往只是一个代工厂，从事的都是加工贸易的工作，而产品的设计和营销往往掌握在一些发达国家手中，贸易加工的产品附加值在整个商品的链条中十分低，企业从中获取的利润自然也不高。而在跨境电商的贸易中，我国的企业会将整体的产业链条都掌握，在跨境电商的平台上，企业可以从中获取各种行业的最新信息，也包括竞争企业的情况、各国消费者的消费习惯、目标消费者的年龄、人群和地区分布等各种有利信息，同时平台也开通了用户的论坛交流功能，用户可以在论坛中交流学习，获得更多的市场数据，为之后的商品研发、市场营销和售后支持等提供帮助。

3. 运营成本上的差异

跨境电商的出现为企业的运营成本节省了很大的开支。在传统的贸易中，如果想要抢占国内市场甚至海外市场，就需要在全国各地设立企业的分支机构，在国外开拓市场也要在当地设立办事处，这样无形中就增加了人力和物力上的开支；如果想要提高产品的知名度还要在电视、广播、报纸和杂志等传统媒体上打广告，进行媒体上的营销，这也是一笔很大的开支。而跨境电商的线上贸易就打破了地域的限制，不需要派遣人员外出谈判和参与参展活动，只需要通过线上平台就能完成世界各地的交易，同时也能通过网络在更大的空间里寻找商业伙伴。跨境电商也可以在平台上开展线上营销，不需要再支付巨额的广告费用给各类媒体，同时网络营销也突破地域限制，远在海外的消费者也能获得商品的信息，避免了在国际上投放广告。在电子商务平台上，企业可以为了调查市场的消费需求情况做一些预售活动，这样摸清市场的真实反映才能避免企业不清楚市场情况而盲目加大库存，也降低了销售的风险，同时也有利于提高营运资金的周转效率。采用智能化管理模式，将顾客需求与企业产品研发、生产和库存管理有机结合起来，产品的开发周期被缩短，采购成本和仓储物流成本也随之降低，供应链的运转更加高效。

4. 产品差异化上的差异

跨境电商相比传统的贸易方式拥有更多的优势，跨境电商中的产品类目繁多，并且更新的速度很快，同时本身就拥有海量商品的信息库，可以在线上平台上定制个性化的广告，还可以口碑聚集消费需求，同样其支付的方式也十分便捷多样，跨境电商的消费者遍布全球，因此拥有的市场自然也十分广阔。跨境电商的企业在运营的流程中十分便利，只需要通过电子邮件、BBS 或者社区网络等一些途径进行在线的调研和沟通，就可以获取所有相关的产品信息和消费者数据，综合运用各种策略，比如网站优化策略、差异化服务策略、关系营销策略和搜索引擎营销策略等进行销售服务。跨境电商的企业可以利用手中掌握的顾客数据融入 CAD

和 CAM 技术进行差异化和个性化的产品定制和设计生产。企业可以利用自己的官方网站和产品网站通过音频、视频和图像的方式向用户展示产品情况，用户也可以通过网站在线咨询、订购和查询订单。跨境电商提供多种售后增值服务，为顾客提供技术支持，也让顾客更好地了解企业的形象，运用虚拟的网络环境打造自己的品牌。

5. 与时代变化融合上的差异

在未来，移动电商的发展必定会发挥出更大的作用。移动设备尤其是智能手机和平板电脑在现代是最为普及的电子设备，几乎人手掌握一部，所以，这也保障了跨境电商使用移动电商和移动支付得以实现。消费方式的改革也使得人们更加习惯于在移动端设备上进行跨境网上购物。跨境电商的发展也促进了新型社会商务的出现，传统贸易在这种新型的商务运行方式的冲击下遇到了一定的挑战。总结起来，跨境电商的发展促进了对外贸易的新的增长点的出现，也让"中国制造"的产品优势被进一步发挥出来，中国的贸易发展逐渐由"中国制造"向"中国营销"和"中国创造"转化，对外贸易也不断转型升级。

（二）跨境电商与国内电商的区别

1. 业务环节的差异

跨境电商的业务相比国内电商的环境更加复杂，需要经过更多的环节，像海关通关、外汇结算、出口退税和进口征税等都是跨境电商避免不了的环节，而国内电商就没有这方面的需求。在货物运输上，跨境电商一般都是通过邮政小包、快递的方式来将货物运送出境，由于是跨境之间的贸易运输，所以运输的时间必然要更长一些，再加上路途遥远，因此不可避免增加了货物损坏的可能性，并且不同国家的邮政派送能力是有限的，邮递运输的重量如果增加也会增加贸易摩擦出现的概率。国内的电子商务只在国内运送货物，多使用快递的方式输送，路途比较近，运送的速度自然比较快，货物的损坏概率也就比跨境电商更小。

2. 交易主体差异

国内电商的交易主体基本上都是在国内，交易的双方要么就是国内企业对企业，要么就是国内企业对个人，要么就是国内的个人对个人。跨境电商的交易主体分别在关境内外，比如说国内企业对国外企业、国内企业对境外个人、国内个人对境外个人等。跨境电商与国内电商的交易主体相比遍布的范围更大，全球都有可能都是跨境电商交易的地区选择，交易主体之间的消费习惯、文化心理、生活习俗等等都有自己的特点，各不相同，因此，跨境电商在对外进行商品营销推广的时候要了解各个国家和地区的消费者行为、营销推广特点、国际品牌建设等内容，这些需要提前准备的信息要比国内电商更加复杂。

3. 交易风险差异

在跨境电商交易中，国内的知识产权意识比较落后，所以出现了大量的无品牌的或者质量不过关的商品，甚至出现假货和仿品，这些假货和仿品是对知识产权的侵犯，国内的商品市场鱼龙混杂，质量参差不齐。如果与一些商业环境和法律环境比较完善的国家做交易，这些有问题的商品就很容易产生贸易纠纷，并且后续的司法诉讼和赔偿也十分棘手。这些问题在国内的电子商务中就很少发生，这是因为作为一个国家的贸易主体，商业环境和法律体系以及知识产权的观念环境是一样的，因此侵权的纠纷就比较少了，贸易双方发生了纠纷也会在比较短的时间里得到处理，后续的情况就比较简单。

4. 适用规则差异

跨境电商所面临的交易环境更加复杂多变，因此在规则上更加详细、复杂。跨境电商不仅会借助国内的线上平台，在境外也会结合当地的线上平台进行交易，由于各个国家的线上平台的运营规则不相同，所以在操作上也会不同。跨境电商的展开要以国际上的一般贸易协定为基础，进行双边贸易或者多边贸易都有相应的协定需要遵守。跨境电商为了能在规则下正常开展贸易交易，就要对国际的贸易体系和规则，也包括进出口管制、关税细则和政策变化等及时了解，并且依据收集的信息分析贸易局势，为自己的贸易决策提供依据。

第二节　跨境电商的发展

一、跨境电商的发展历史

（一）跨境电商的萌芽阶段（1999—2007 年）

跨境电商的萌芽阶段大概处在 1999－2007 年之间，人们将这个阶段称为 1.0 时代。萌芽阶段的商业模式一般主要是将商品在网上展示给消费者或者交易企业，但是交易仍然放在线下进行。这个阶段也有第三方平台，平台的功能就是为企业的信息和产品提供网络展示的平台，但是交易的任何环节都放在线下进行。因此第三方平台的盈利模式是收取会员企业的信息展示费用，比如年服务费。萌芽阶段的跨境电商经过不断的发展逐渐出现了竞价推广、咨询服务等为供应商提供的信息流增值一条龙服务。这个时期比较有代表性的企业有阿里巴巴、环球资源网。

（二）跨境电商的发展阶段（2008—2013 年）

第二阶段为发展阶段，时间大概处在 2008－2013 年之间，人们称这个阶段为 2.0 时代。跨境电商的平台不光只是展示企业商品和贸易信息的功能，还可以进行线上的交易、支付等流程，物流等环节也实现了电子化发展，在线交易逐渐发展起来。这个阶段的跨境电商更加体现出电子商务的本质，企业可以通过电子商务平台将上下游的供应链打通，将服务和商品资源整合，平台的发展模式主要有两种，分别是 B2B（平台对企业小额交易）平台模式以及 B2C（平台对用户）平台模式。这一阶段的盈利模式特点是收取交易佣金替代了"会员收费"。代表企业有敦煌网、速卖通、DX、兰亭集势等。

（三）跨境电商的爆发阶段（2014 年至今）

2014 年在跨境电商的发展中属于特殊的一年，跨境电商在这一年纷纷开始转型，全部的产业链出现了模式的变化。2014 年之后被称为 3.0 "大时代"。

首先，跨境电商 3.0 具有大型工厂上线、传统规模型外贸企业陆续登场、B 类买家成规模、中大额订单比例提升、移动用户量爆发、移动跨境电商逐渐走向主流等趋势。其次，伴随着大型工厂的发展，3.0 的平台服务业经历了全面升级，升级后的平台承载能力增强，这个阶段有一个特征就是全产业链服务在线化。这个阶段，用户群体经历了从草根创业向工厂、外贸公司的转变，并且这些转型后的工厂和公司的生产、设计和管理能力都有所提高。原本在第三平台上销售的商品多是网商和二手货源的商品，之后向着一手货源的高质量产品转变。

二、跨境电商的发展现状

（一）产品同质化严重

跨境电商的发展吸引了一大批线下的商家涌入，大量商家的水平参差不齐，也导致我国的跨境网络交易的内部竞争力越来越大，竞争的环境越来越恶化。商人的本质是追求利润，在众多品类的商品选择中，3C 产品及其附件等属于销售利润比较高的产品，因此这类产品成为中小企业争抢的热门，这样导致的结果就是商品的同质化严重，竞争异常激烈，甚至还造成了恶性的价格战。

（二）不重视品牌建设

我国是世界上有名的"制造大国"，跨境电商在我国能够蓬勃发展依靠的就是产品的价格优势。跨境电商中很大一部分中小企业都是从一些小的工厂中以低廉的价格将货物购进，再以比平时线下实体店的价格低很多的价格吸引消费者，追求的是销售商品的数量，但是商品的质量却无法得到保证。这种跨境电商自然也就没有建立品牌的意识。

（三）跨境物流发展滞后

跨境电商所经手的交易一般都是规模较小的订单，具有批次多、采购的周期短的特点，但是消费者对物流的速度要求比较高，所以大多是通过国际快递的方式进行运输。在我国竟内的物流方式主要选择邮政的国际小包和国际 E 邮宝，DHL、FedEx、UPS、TNT 等。但是，跨境物流的要求质量又十分高，需要成本低廉，又要保障速度快，还要确保运输过程中货物的安全性，另外，消费者需要随时跟踪商品的运输情况，所以就造成了服务质量低而成本高的矛盾。如果只考虑将成本降低，就无法保障物流的速度，供货时间拉长，顾客的体验满意度也就降低了，这样不利于养成一批忠实的客户；但是如果只追求服务的质量，最终的成本必然会提升，商家的利润就会降低甚至出现亏损。一些大型的企业有能力在海外建立起物流仓储和聚集后规模化运输形式，但是这需要强大的实力支持，对于中小企业来说并没有足够的实力架起。因此，跨境物流不能和快速发展的跨境电商相匹配，就需要物流不断更新发展模式。

（四）侵犯国外知识产权

跨境电商的盈利费用只在对已经交易完成并且成功的订单上收取佣金，会员注册并不会收取费用，所以无形中降低了跨境电商市场的准入门槛。我国国内的生产企业大多没有足够的知识产权意识，电子商务市场的产品也有一定的聚集现象，像一些利润较高、技术含量较低的一部分日用消费品就成为商家企业选择的热门领域，但是很多企业都缺乏对产品的定位，只要有一个热门的商品就一窝蜂地凑上去，不可避免会带来恶性的竞争，这种情况下，商品市场上就会充斥大量的低附加值、无品牌、质量不高的商品乃至假货、仿品，也会经常发生侵犯知识产权的现象。虽然一部分外贸网站比如兰亭集势都比较重视规避知识产权的风险，但是仍然不可避免地让很多国家对我国的快递和邮政小包的检查加大力度，越来越严格，很多网站的掉包率和退款率也不断增加，如果快递或者邮政小包被扣留，自然也就给企业带来了不少的成本压力。

（五）非阳光化退税、结汇

我国针对跨境电商出台了一系列的办法和规定，包括报关、报检、收汇、核销、退税和结汇等问题，但是这些规定也只是处于探索的阶段，并不成熟和全面，还需要继续完善。依据海关总署"600美元以下的货物可以以'非卖品'的形式速递出口"的规定，很多商家会为了避税将快递商品作为样品卖出境外，这样就不用报关和报检货物了，或者修改发票的金额也可以逃税。当快递企业承担集中报关任务时，企业经营者只能取得快递企业的物流运输单不能获取报关单，这样也就阻碍了外汇结算的环节，企业没有外汇结算，也就不能享受出口退税的优惠了。另外，我国现行政策，国外买家支付的款项只能通过个人储蓄账号结汇，还受到每人每年5万美元汇兑额度限制，所以一些出口企业会借用亲属账户进行结汇，有的会通过地下钱庄将资金转移到国外银行进行结汇，跨境电商的发展受到了阻碍。

（六）跨境信用难以评估和争端处理困难

跨境电商的买卖双方分属于不同的国家和地区，因此在语言、时差、沟通方式和购物习惯等方面都会有一定的差异，国内的电子商务在跨境电商的交易上买卖双方信息不对称的情况更为严重。首先，境外的顾客在平台上选中商品下单是先将款项支付给卖家，但是这种通过线上图片和文字展示了解产品的情况并不能真实地感受到产品，买家在和商家的交易上是处于被动的局面，同时买家也很难对卖家的信用和售后服务水平有一个准确的判断。其次，线上的交易也同时会让卖家难以对销售顾客的消费能力和资信等情况有一个精准的判定。买卖双方在这种情况下容易让卖家处于被动地位，因为如果对方买家是选择用信用卡来支付商品，但是买家在收到货物之后选择撤回资金，或者选择拒绝收货，卖家就会损失物流费用和资金手续费，情况严重的还会钱货两空。虽然现在很多大型的电商平台比如 eBay、敦煌网等都对卖家做了信用方面的限制，但是这些信用的评价是可以依靠各种手段刷出来的，买家并没有更好的办法来判定卖家的信用，只能依靠跨境电商平台自身的预防、监督机制来避免争端发生，纠纷发生了也没有很好的制度来依据解决。

（七）跨境电商人才缺失

跨境电商在近几年发展得十分迅速，配套的设施和制度都没有跟上，同时，人才方面的发展也有些落后，严重缺乏人才，原因主要有以下两点。

（1）语言语种问题。目前，大部分都是英语专业的人在从事跨境电商的事业，但是其他的一些小语种的人才却十分缺乏，一些非英语的国家比如巴西、印度、俄罗斯、蒙古国等地区潜藏着巨大的市场，急需精通这些地区语言的人才去开拓，有更广泛的发展机会，需要不断扩充这些语言的人才。

（2）员工能力问题。跨境电商的基本能力是外语能力，但是其他营销方面的能力也是不可缺少的，要熟悉国际市场、国际交易规则、国际消费者的消费习惯等，这些全能方面的人才是我国现阶段跨境电商领域极度缺乏的。

三、跨境电商的发展趋势

国际跨境电商都在不断地发展，为了适应发展的速度，我国的跨境电商需要在商业模式和技术产品方面不断创新。随着跨境电商的发展，以后会有越来越多的企业加入进来，从规模和质量上我国的跨境电商会越来越提高，这样我国的国际市场的地位和影响力也会不断提高。

（一）交易市场将进一步扩大

我国的跨境电商交易市场经过多年的发展已经有了很大的进步，人均购买能力提高，人们的网购观念也越来越普及，已经养成了网上购物的消费习惯，同时我国的跨境电商配套的物流实施也越来越完善，这种良好的市场氛围让我们的跨境电商在一些成熟的境外市场比如美国、俄罗斯、英国、德国等地发展势头良好。另外，不光这些成熟的发达国家，像印度、巴西、南非等地也是具有发展潜力的市场，我国的跨境电商正在向这些地区扩张。另外，阿根廷、以色列和乌克兰等地是我国跨境电商发展的新目标，全球的交易市场进一步扩大。

（二）交易主体将进一步增多

跨境电商的零售发展遍布各大中小企业，中小企业利用这次机会可以尽快打入国际市场，把握全球的商机，而大型企业可以利用跨境电商将自己的业务拓展起来，同时为了提高自己的国际竞争力也会将服务水平提升。跨境电商的主体越来越多元化，买家在跨境购物的体验也会随之改善，整个行业的服务水平都得到提升。我国国内的一些大型电子商务平台像阿里巴巴、京东、大龙网等已经将跨境零售作为自己的重点发展板块，完善强大的海外营销平台让那些主要业务为海外零售营销的跨境电商更加有信心和基础去开拓更为广阔的市场。随着跨境电商主体的不断扩张，中小企业将成为发展的主体，B2B 和 B2C 模式并驾齐驱，大量的内贸企业和制造行业都会涌入跨境电商领域。

（三）交易产品种类将更丰富

随着跨境电商的进一步发展，卖家的业务范围也会不断扩张。物流行业的不断创新完善，再加上大数据技术的不断发展和在跨境领域上的应用，我国的跨境电商零售的商品种类也在不断更新扩张，出现了更多的新品类。传统的跨境电商所零售的商品一般是服装服饰、美容保健产品、3C 电子产品、计算机及配件、家居园艺产品、珠宝、汽车配件、食品药品等，这些商品的共有特点是便于运输，随着运输物流行业的发展，零售的产品逐渐向家具、汽车等大型产品扩展。产品的种类不断增加，并且产品线也在不断扩张，我国的跨境零售出口的发展使我国的商家在全球的跨境贸易中占据越来越重要的地位，竞争力也不断提升。

（四）传统外贸企业将成跨境电商主流

跨境电商和一般的贸易有很多区别，跨境电商具有小额度、高频度的特征，这些特征和现有的通关、商检、结汇和退税等跨境海关等必要环节都不太相匹配。监管体系在今后的发展只会越来越完善，同时跨境 B2C 也将得到发展，越来越多的传统外贸企业也会顺应市场的发展进入跨境 B2C 和 B2B 领域，同时传统的外贸企业也逐渐将 B2B 作为主要的营销渠道。传统的外贸企业和国外的消费者直接对接，外贸企业只要凭借自己过关的质量和良好的服务就会得到更多海外消费者的青睐，有助于其品牌在国际上建立，提高核心竞争力。传统外贸企业在跨境电商的形式影响下会转变创造价值的方式，原本的产品交易者会逐渐向生产的组织者转变，成为消费的引导者，也成为价值的创造者。

（五）跨境电商产业链将逐步完整

当前，我国的跨境电商的主导在于平台，企业大多没有能力自己创建交易的平台，但是随着交易市场的环境不断改善，支撑交易的体系也不断完善，再加上新技术的应用，跨境电商的产业链会随之形成。我们可以从产业链的中下游来分析，上游的产品多是一些像 3C 电子产品、服装等传统品类，这些产品的市场量巨大，并且发展比较早，运输也十分便利，已经形成标准化生产，整体比较成熟，优势明显，今后的表现依然良好。另外，一些新品类如户外用品、健康美容产品等市场巨大，需求也在不断上涨，也是今后上游发展的重点产品。中游的发展重点是电商平台，这一产业链中传统专门平台和自建网站会形成博弈的局面，双方协同发展，跨境电商的平台会不断整合，服务功能也越来越完善，平台中也会进入大量的制造业企业。产业链的下游重点是经济体的发展，新兴的经济体促进我国的出口电商不断发展，开发出更多的市场。

（六）跨境电商综合服务业将兴起

跨境电商要想持续健康而又快速的发展，就要不断推动外贸综合服务企业与跨境电商平台融合，最终形成跨境电商综合服务业。跨境电商综合服务业通过整合产业链、贸易链、监管链和数据链，在原有信息与交易服务的基础上向涵盖支付、物流、信用管理、产品质量保险和金融等方向发展，为跨境全流程在线贸易提供全方位的集成服务，推动传统加工贸易与跨境电商的融合发展。在物流方面，云计算和物联网等一些新技术在跨境电商中进行应用，物流的运送方面将会越来越信息化、数字化，从而将物流的运送水平和效率以及整体的服务质量所有提升，同时也会降低物流的成本。在信用方面，大型电子商务平台有实力将自己的信用体系建立起来，利用的就是平台积累的资源和现代信息技术。互联网金融方面，电子商务平台对外贸企业的信用状况和经营状况深入了解，依据的就是交易、物流和支付等大数据资源，可以为商家提供金融供应链，中小企业依据这些优惠融资政策降低经营成本，将外贸企业的综合竞争力提升起来。

（七）移动端成为跨境电商发展新重点

我国的互联网、物流网等基础设施的建设正在不断加快，再加上移动互联网、大数据和云计算等技术的推动，促进了移动跨境电子购物在全球范围内快速发展。线上和线下商务在移动互联网技术的推动下其界限也越来越模糊，全球的购物方式向着互联、无缝、多屏方向发展。

第二章　跨境电商中物流的发展

在各国经济频繁交流的今天，电子商务也有了国际化的发展，伴随的便是物流业的同步发展，跨境电商物流便是基于跨境电商平台，在国家间进行的物流服务。本章先对物流的相关概念进行了介绍，并在第二节详细阐述了跨境电商物流的发展。

第一节　物流的相关概念

一、物流的基本概念

（一）物流的定义

1. 物的概念

"物流"这一词语中的"物"在这一语境下指的是一切可以进行物理性位置移动的物质资料。其中，"物"有一个重要的特点，这个"物"必须是能够发生物理性位移的物，位移是相对于地球来说的，所以那些被固定下来不能移动的设施就不属于物流中的"物"。

有许多对"物"的称谓，往往出于片面、狭义的理解，此处予以明确。

（1）物资。指的是全部物质资料，一般多用于指工业品生产资料。物资的"物"和物流的"物"其区别在于"物资"中所包含的生产资料并不是都能物理性位移的，有部分是属于固定的设施和资产，不属于物流学研究的范畴，比如说建筑设施和土地等。物流中也包含一些生活资料，而物资主要指的是生产资料，两者不相容。

（2）物料。这个词语属于我国生产领域的专门概念。生产领域的一切材料，除了最终的产品之外，还有燃料、零部件、半成品、外协件等，还有生产中剩余的边角料以及废料等都属于物料。

（3）货物。这个概念属于交通运输领域。交通运输将经营的对象分类，一种是人，一种是物，这里的物就是货物。

（4）商品。在这里和物流中的"物"的概念是有联系的，一般是相互交叉的关系。商品中，凡是能发生物理性位移的物质实体都属于物流的研究范围，同时这一类商品还必须具有运动要素，也必须是物质实体。这样再看商品和物流的关系，可以总结为物流学中的"物"既可能是商品，也可能不是商品。

（5）物品。这个词语的概念属于生产、办公和生活领域。如果在生产领域，物品指的是不参与生产过程，不成为产品实体，使用的领域范围在管理、行政、后勤等，与生产既可以相关也可以不相关，属于物质实体；在办公和生活领域，只要和办公和生活消费相关的物件都属于物品。物流学中所指的"物"一般就是指物品。

2. 流的概念

物流中的"流"一般就是指物理性运动。物流的"流"在不同的领域表现形式不同，下面依次介绍。

（1）流通领域。人们一般会将物流中的"流"理解为流通的意思，但其实这是一种误解，"流"和"流通"虽然有联系，但还是有区别的。在联系上，在流通的过程中，人们常常要交换物品的时候才将物进行物理性位移，所以物理性位移是实现流通必要的物的转移过程。而物流中的"流"涉及了一个重要领域就是流通，有些专家学者由于只研究流通领域，因此往往不会认真区分"流"和"流通"。在两者的区别上，主要分为两点，第一，两者的涵盖范围是不同的。"流"的涵盖领域包括流通，同时生产、生活领域也被涵盖其中，因此只要这个领域有物品发生物理性位移就可以归为"流"领域；"流通"的"流"也只能看作是"流"的一个局部。第二，"流通"并不以其整体作为"流"的一部分，而是以其实物物理性运动的局部构成"流"的一部分，比如说商业活动中的交易、谈判、分配和结算等活动和在"商流"中的信息流动都不属于物理性运动，所以也不能算是"流"领域。

（2）生产领域。物流中的"流"我们可以简单归为生产的"流程"。在生产领域中，一件产品的产出过程是要将物料按照一定的工艺流程来进行运动的，流程的水平对生产成本与效益、生产规模的影响是比较大的，所以生产领域的"流"要重视起来。

（3）生活领域。在生活和工作中，"流"的含义是生活用品、办公用品等在家庭及办公室中放置位置的不断变换，是各种物品服务于人们需要所发生的伴生性运动，甚至包括家庭生活及工作过程中所发生的废弃物丢弃或再生过程中所发生的运动。

（4）军事领域。军事领域的物流是军事后勤的重要组成部分，主要包括：各个不同的军事工业产业领域进行生产活动所引发的生产资料、军工原料供应等相关物流活动，战时对战争前线和各个战场的军事后勤保障以及平时的军事后勤准备所发生的相关物流活动，处理军工生产废弃物以及军事物资报废、销毁所形成的废弃物的相关物流活动等。

3. 我国对物流的定义

2001 年 4 月 17 日，国家质量技术监督局批准颁布了《中华人民共和国国家标准物流术语》（GB/T 18354 — 2001），其中专门对物流进行了定义：物品从供应地向接收地的实体流动过程。根据实际需要，将运输、储存、装卸、搬运、包装、流通加工、配送、信息处理等基本功能实施有机结合。之后 2006 年 12 月 4 日发布的新版《中华人民共和国国家标准物流术语》（GB/T 18354 — 2006）在 2007 年 5 月 1 日开始正式实施，新版本还是维持了原本的定义。

在这个官方的定义中，前半部分是对物流特定范围的解释，物流的起点是"供应地"，终点是"接收地"。所以，只要一项实物的流动符合这个范围条件，那就可以看成是物流，这也能看出物流具有广泛性的特征。后半部分对物流的功能要素进行介绍，物流的关键形成事件就是"实施有机结合"。

（二）物流的功能

现代物流的功能要素包含多方面的内容，包括运输、储存、装卸搬运、包装、流通加工、配送、信息处理等。多项的功能要素中其核心为运输和储存，这两项要素就是对商品开展空间和时间上的转换，剩下的功能要素的作用就是确保物流活动的顺利进行。

1. 运输

运输是指利用特定的设备和工具，将货物从某一地点运送到另一地点，实现货物地域转变的物流活动。运输是物流的主要活动之一，物流的很大一部分功能都是由运输来实现的。运输活动改变了货物的空间位置，对"物"进行空间位移，广义的运输经营活动还包括货物的集散、装卸搬运、中转、配送等一系列操作。因此，运输是增加物品空间价值最有效的途径。

2. 储存

储存是指对货物进行存放、保护和管理。不管什么类型的物资，在加工生产、运输、消费等活动前后，总会产生储存物资的需求。储存增加物资的时间价值，从而能克服供需之间的时间差异。储存是物流系统的重要节点，对于整个物流系统来说，具有缓冲和调节"供应链"上下环节流量的差异的作用，保持社会生产与流通的正常进行。同时，兼具创造附加价值的功能。

3. 装卸搬运

装卸是指依靠人力或者机械设备将货物装入运输设备或从运输设备上卸下的活动；而搬运是指将货物从某处移动到另一地点的活动，相比较运输而言，搬运是在小范围内进行的活动。通常，装卸和搬运密不可分，是相伴进行的。

4. 包装

包装是指在流通过程中，为了对货物进行保护、方便储存和运输、促进销售而采用的材料、容器及辅助物的总称。也指在采用材料、容器及辅助物的过程中运用的技术方法等操作活动。包装一般分为商业包装和运输包装两种。

5. 流通加工

货物从生产地运输到使用地的过程中，要进行多方面的作业，货物需要保障、分割、计量、分拣和刷标志、组装等流程，这些流程相对比较简单，总结起来就是流通加工的过程。流通加工其实就是物品从生产领域向着消费领域流动的过程，同时这一过程也具有促进销售、维护产品质量，促进物流的效率提升的作用，流通加工是对物品进行加工，使物品发生物理、化学或者形状的变化。因此，流通加工有效地完善了流通过程，是对流通过程起着补充、完善、提供增强作用的功能要素。

6. 配送

配送并不是简单地将货物送到指定地点的过程，还需要依据用户的要求，对物品进行拣选、加工、包装、分割和组配等作业，同时配送的时间是有限制的，要在规定的时间内按时送达，配送的区域范围也要在经济合理区域的范围内。配送的对象就是消费者，所以可以直接反映供应链的服务水平，配送在供应链中处于末端的环节，同时配送也可以作为市场营销的辅助手段促进营销，其重要性越来越明显。

7. 信息处理

在现代的企业经营中，物流信息的作用越来越突出。物流信息的掌握是企业经营中的重要资源，企业要对物流信息进行收集、传递、存储、处理和输出，这样掌握了全面而又深入的物流信息，企业才有依据来做正确的经营战略，掌握了物流信息也就掌握了整体的物流活动。现代企业为了在市场竞争中占据竞争优势，纷纷建立起物流信息系统，为自己的经营提供准确、迅速而又全面的消息。物流信息随着技术的进步和商业模式的发展呈现出信息量大、更新快、来源多样化的特点。

（三）物流的作用

物流是一种经济活动，也是不断满足客户需求的过程。物流可以创造商品的时间价值或空间价值。

1. 物流创造时间价值

物流可以通过以下几种方式创造商品的时间价值。

（1）缩短流通时间，创造价值。缩短物品从供应地到接收地的时间可以降低物资损耗、增加物资的周转率、节约资金等，更高效、快速地满足企业或个人需求。

（2）弥补时间差异，创造价值。在现实社会中，商品供给和商品消费之间往往存在一定的时间差。例如，粮食生产有严格的周期性和季节性，而人们对粮食的消费则是均匀发生在每一天；再比如，秋天收获的葡萄，通过储存可以在春节期间上市销售。物流弥补或者改变供给与消费的时间差，从而创造商品时间价值的例子还有很多。

（3）延长流通时间，创造价值。在现实生活中，我们可以通过人为地延长商品的流通时间来创造价值。例如，企业针对诸如白酒、普洱茶等商品的存储活动，就是有计划地延长供给和消费之间的时间差来创造商品价值。

2. 物流创造空间价值

由于社会分工细化，供给者和需求者往往处于不同的场所，这就造成物品在生产地与消费地之间通常有一段空间差异。由于改变物品空间位移所创造的价值被称作"空间价值"。物流创造空间价值的方式有以下几种。

（1）从集中生产空间流入分散需求空间创造价值。在现代化的生产过程中，对于大宗需求的物品往往采用的是在一个地方集中大规模生产，这样的生产效率比较高，成本也可以降低，这种一个地方的大规模产量可以满足不同地区的需求，而需求的实现就是要靠物流来将这些商品从供应地向需求地位移运输，从而创造价值。比较典型的有钢铁、水泥、煤炭等原材料的生产和运输。

（2）从分散生产空间流入集中需求空间创造价值。商品的属性决定了其有的适合集中生产，有的适合分散生产。比如说水果的种植生产是分散在全国各地的，但是真正的主要需求量在大城市；汽车的零配件的生产基地也被分散在不同的地区，但是最后所有的零配件都要集中在一个汽车制造厂中进行装配，这种情况和上一个价值的创造正好相反，是分散生产和集中需求，空间价值也由此产生。

（3）从甲地生产空间流入乙地需求空间创造价值。现代社会中，受限于自然地理环境和社会发展等因素所导致的供应与需求的空间隔离比比皆是。例如，南方的荔枝、北方的红枣，其生产地和消费地经常不在同一地点，通过物流的调节便创造了价值。

（四）物流的特征

随着物流科学的发展和新技术的应用，现代物流表现出许多新特征，具体表现在以下几个方面。

1. 专业化

社会的大分工使得生产向着专业化发展，其中物流专业就是在这种情况下形成的。物流的专业化主要分为两方面，第一种是物流最先是作为一个企业的专业部门存在的，承担起企业的物流运输的职能，但是随着企业发展战略的转变，企业的内部物流需求也在增长，专门的物流管理部门就从企业中分化出来，成立起专门的社会化、专业化的物流公司；第二种是社会上基于生产企业对物流的需求不断增加，需要大量的物流企业，这些专门的物流企业根据不同生产企业的需求会将自己的物流业务分类整合，提供不同种类的物流服务，经过不断地发展其专业化也越来越强。

2. 系统化

物流系统属于一个完整的系统，系统是由多个子系统构成的，包括运输、仓储、装卸搬运、流通加工、配送、信息处理等。物流系统的正常运转需要各个子系统之间密切配合，因为，即使其中一个子系统能够产生高效益，但是如果没有各个子系统的协调配合，整体的物流系统也得到不到效益最大化。所以，物流系统的整体优化是现代物流科学研究的重点，研究的目的也是为了让物流系统以低成本、低消耗来达成高质量输出的服务，让整个物流系统的效益最大化。

3. 标准化

物流标准化指的是物流作为一个大系统，系统内部也需要制定一定的分系统技术标准，包括内部设施、机械装备、专用工具等，另外还需要制定系统内部各分领域的作业标准，比如包装、仓储、装卸和运输等。系统作为基础，需要将分系统的技术标准和分领域的工作标准协调配合，这样才能让整个的物流系统拥有统一的标准。物流标准化包含多方面的内容，包括有物品编码标准、物流基础模数尺寸标准、物流建筑基础模数尺寸标准、集装模数尺寸标准、物流专业术语标准、物流单据等。

4. 国际化

随着全球经济一体化的进程加快，国际贸易、国际投资、国际经济合作的发展使得物流业向全球化方向发展，而跨境电商的发展更是加速了物流国际化的进程。国际物流业务涉及货运代理、国际货物运输、报关、报检、货物存储、配送、流通加工等。

5. 柔性化

现代化的商品市场中，产品的生命周期已经开始缩短，企业的生产方式正在向着小批量和多品种的方向转变。现代的物流正是为了适应生产、流通和消费的需求的转变，出现了一种新的模式——柔性化的物流，配送中心要适应这种变化特点，不断更新完善其服务。

6. 信息化

现代物流的典型特征是物流信息化。其主要的表现形式是各种技术在物流中的广泛应用，比如条码技术、RFID 自动识别技术、数据库技术、电子数据交换技术等，这些技术的应用会自动采集物流信息，并且将采集的信息传输、统计和分析，货物的订单、物料和库存，包括货物的所在位置的信息都可以采用大数据技术等实现电子化管理，这样整个物流的过程就可以实现透明化、可视化管理。

7. 智能化

智能化是物流自动化、信息化的一种更高层次的应用。现代化的物流中心中有关库存水平的确定、运输路线的选择、自动导向车道的运行轨迹、自动分拣系统的运行等问题都需要借助于物流智能化去解决。

8. 绿色化

绿色物流包括以下两个方面。一方面，是控制物流系统对环境的污染，减少和消除物流对环境的负面影响。例如，采用绿色能源运输车辆，降低汽车尾气污染物对环境的排放，降低设备噪声对环境的影响，采用环保包装材料，避免过度包装等。另一方面，是建立循环物流系统，例如，建立废旧物品、可再生资源的回收利用所形成的逆向物流系统，促进原材料副产品的再循环、包装废弃物的再循环、废旧物品的再循环、资源垃圾的收集和再资源化等。

（五）物流的分类

物流的分类可以从多方面进行，常见的主要按照物流的作用、物流活动的空间范围、从事物流活动的主体进行分类。

1. 按物流的作用分类

按供应链环节，物流可分为供应物流、生产物流、销售物流、逆向物流。

（1）供应物流。为生产企业提供原材料、零部件或其他物品时，物品在提供者与需求者之间的实体流动称为供应物流。对于工厂而言，供应物流是指生产活动所需要的原材料、备品备件等物资的采购、供应活动所产生的物流；对于流通领域而言，是指交易活动中，从买方角度出发的交易行为中所产生的物流。

（2）生产物流。企业在生产过程中，生产所需要的原材料，生产中的在制品和半成品以及已经生产完成的产成品都会在生产中进行实体流动，可以称为生产物流。制造企业都要进行生产物流，这也是这类企业的特有物流，生产物流和生产流程是同步进行的。最原始的原材料经过各种工序移动、流转成半成品，再由半成品经过流转、移动制成成品，就形成了生产物流。生产物流中断也就意味着生产过程的中断。

（3）销售物流。生产企业和流通企业对产品的销售需要由供应地流向需求地，这之间的实体流动就是销售物流。工厂的销售物流就是售出产品，流通领域的销售物流指的是在交易活动中，从卖方角度出发的交易中的物流。

（4）逆向物流。可以分为回收物流和废弃物物流两种。

① 回收物流。不合格物品的返修和退货，在返修和退货时物品使用的包装容器，这些物品从需求方返回到供应方形成实体的流动就是回收物流。一些物品的再生产和流通中所产生的资料有些是可以二次利用的，也要回收，比如包装用的纸箱、塑料筐、瓶子等。

② 废弃物物流。在经济活动中，物品经过各种流程失去了原有的使用价值，成了废弃物，这些废弃物需要回收处理，其中要经过收集、分类、加工、包装、搬运和储存等活动，最后再运送到专门的处理场所，其中形成的就是废弃物物流。在生产和流通中形成的废弃物一般没有再次利用的价值，比如开采矿山时产生的土石、炼钢生产中的钢渣等，需要回收起来妥善处理，如果放任不管还会对环境造成污染。

2. 按物流活动的空间范围分类

（1）区域物流。区域物流有不同的划分原则，可以按行政区域划分，如华南区域、华北区域、华东区域等；按经济圈划分，如环渤海经济圈、长三角经济圈和珠三角经济圈等。区域物流系统对于提高该地区物流活动效率、保障当地居民的生活便利有着非常重要的作用。研究区域物流应根据区域特点，从本区域的利益出发组织好物流活动。

（2）国内物流。国家境内开展的物流就是国内物流。物流一般是国民经济的重要组成部分，所以，一般国家在做整体战略规划的时候会将物流也纳入。国家的整体物流会形成一个大的系统，其中包含的内容有：物流的基础设施建设，比如物流所必需的交通运输设施，像公路、高速公路、港口、铁道等，还要再配置上大型物流的结点；交通运输法规，各种运输的价格确定和税收标准；其他和物流活动有关的设置和装置，以及机械的标准化；技术方面的开发和引进，物流人才的培养等。

（3）国际物流。国际物流是指物品从一个国家（或地区）的供应地向另一个国家（或地区）的接收地的实体流动过程，是国内物流的扩展和延伸，是跨越国界范围的物的流通。

当前世界经济发展的主流是全球一体化，国家与国家之间的经济交往越来越频繁，国际、洲际的物资流通越来越发达，国际物流的研究也成为现代物流研究的一个重要课题。

3. 按从事物流活动的主体分类

（1）第一方物流。一般是指物资的提供者自己向需求者送货，实现物资空间的位移。比如说产品制造厂商自己就建立起设施齐全的物流部门，运输工具和仓库等齐备，然后自己组织物流队伍承担起物流服务，将自己生产的产品运送给需求方。

（2）第二方物流。第二方物流和第一方物流正好相反，是物资的需求者具备物流的设施，自己组织物流队伍从物资提供者运送物资返回到自己的仓库，实现物资的空间位移。像一些规模比较大的商业流通公司就建立起运输工具和仓库齐全的物流部门，直接将物资从供应站运送到商场。

（3）第三方物流。第三方物流是第三方物流公司承接其他企业的运输任务将货物从供应方运送到需求方，这种第三方公司的承运主要就是接受客户的委托，提供的物流系统设计和运营更加专项或者全面。专业的物流公司和委托人签订合同然后提供物流服务，所以第三方物流又称为合同制物流。

（4）第四方物流。这种物流其实就是一个供应链的集成商。它不涉及物流的任何利益方，主要的收益方式就是通过信息技术支持，综合自己的各方能力和资源为客户提供一套完整的供应链解决方案，这种方案的提供是获得的利益点。第四方物流不同于普通物流，可以帮助企业降低成本、整合资源，并且和一些优秀的第三方物流企业、技术供应商、管理咨询等服务商有合作，可以为客户提供科学全面的供应链解决方案。

（六）物流的平台

1. 平台的一般概念

平台本来是建筑领域的概念。中国的古建筑在基础之上需要构筑一个平台，建筑物建筑在平台之上。这个概念在现代不断衍生和发展，平台的含义成为起到支持作用、基础作用、规范作用和整合作用的标准化体系。物流也是这个概念的应用领域之一。平台的代表特性有四方面。

（1）通用性和公用性

首先，平台的提法表述的是一种通用性和公用性，是现代社会的一种共同语言和标准，是对专用性、专用技术带来的多样性和复杂性的一种完善和补充，是对工业化时期过分专业化的一种补充和修正，以防止专业化造成的分割，体现对复杂事务的一种整合方式。

（2）广泛性

其次，平台的提法体现的是一种广泛性，也就是广泛的适应性，这样才能够达到追求规模的目的，从而降低制造、建设或者运作的成本。

（3）支持性

平台还起到一种支持作用有些类似于"基础"的支持作用，但是更为直接、更为明确，也可以看成基础和建筑物结构部分的细分，在基础和建筑物之间的那一部分称为平台，我国古建筑常常用这种构筑方法。

（4）有限性

平台的支持、基础、规范和整合作用都是有限的。虽然广泛适应性非常重要，但受专业化的制约，平台仅针对存在共同支持作用领域而构筑，这种作用不可能无限扩张，这就是有限性的表现。平台概念对物流十分重要，是物流领域大规模开发和建设所必需的。构筑现代物流平台是物流业从"粗放式"向"集约式"转变，并且取得"跨越式发展"的重要举措。

2. 物流平台的概念

国家标准中没有物流平台这一概念，这在一定程度上说明对其尚没有取得共识或者这个概念还不成熟。现在物流平台概念被业内人士广泛使用，但是却没有确切的解释。本书对物流平台做了一个定义描述：物流平台属于一种标准化系统，对物流各种活动能起到承载和支撑作用。物流平台能够帮助物流活动高效顺畅地进行，物流活动也可以通过物流平台有效衔接，为物流开发提供标准化实物工具。具体的解释如下。

第一，物流活动主要就是指实物的物流，实物物流本身具有复杂性和多样性，又鉴于实物物流跨地域的广泛性，平台的承载和支持是非常重要的。

第二，平台的作用可以采用承载和支持来描述，这也说明平台的作用和一些具有基础支撑力的作用是有区别的。

第三，物流平台的作用可以体现在平台会向物流活动提供共同性和标准化的支持，所以，物流平台属于标准化的系统。标准化系统可以是开放的，也可以是封闭的。所以物流平台一般就包含对外开放的公共平台和只局限于局部领域的特殊物流平台两种。对于特殊物流平台，具有专业性和封闭性的特点，比如支持国际标准集装箱物流的集装箱平台、支持原油物流的原油物流平台等。

第四，物流平台的作用体现在"使不同的物流活动能够有效地衔接和顺畅地运行"，物流平台承担着贯通物流活动的职能。物流平台的打造和判断需要考量这项职能。

3. 物流平台分类

（1）物流平台类别

物流平台有三大类别：共用物流平台、专用物流平台和战略性物流平台。共用物流平台是综合性的物流平台。不单针对物流，也针对全面的客、货运输，是同时对客运和货运都起到承载和支持作用的平台，这是世界各国的主体模型。专用物流平台是仅仅对某一种方式起到承载和支持作用的平台，例如客运专用平台、货运专用平台，再细分还可以针对铁路、公路等区分出不同运输对象的专用平台。

战略性物流平台总体来讲是具有长远性、战略性的物流支持平台，带有虚拟性，包含广泛，是既有现实运行价值也有长远功能和价值的资源。"一带一路"就是这种性质的物流平台。

当今世界上共用的综合物流平台有巨大的优势，占主导地位，但其缺点也要引起重视；适用广泛但是专用性差，难于满足差异化、个性化的需求。以铁路为例，客运和货运依赖同一平台，这是基本现状，我国修筑的运输煤炭的大秦铁路就是专用平台；我国高速公路也有类似的专用平台，实际上就是用两种不同的专用平台支持两种不同的运作。

（2）物流相关平台种类

物流基础设施平台，内涵是物流线路、物流结点、物流网络。基本上是具有公益性质的对社会开放的物流平台。"开放式"往往是物流基础设施平台的一个特征。

实物物流平台也可以称为物流网络平台，可以支持各种实体的物流运行，实物物流平台就是物流平台的主体。

物流信息平台，是各种信息设备、信息网络、信息运行机构，这个平台支持物流的讯息传递，支持各种实体货物物流的信息和与其相关的信息流动。

物流标准化平台是一种标准化系统，可以对物流活动起到承载和支持作用。

物流管理平台，由各种管理机构、管理设施、管理网络以及相关手段构成，支持对物流的管理活动。

（3）按照物流平台作用范围分类

按照平台作用不同，物流平台可以分成区域物流平台、全国物流平台、国际物流平台。国际物流平台是现代世界依托和着力打造的重要物流资源。由于处于不同的国家，不可能进行统一的规划、建设、运行与管理，因而带有综合性、虚拟性与战略性的特征。"一带一路"即"丝绸之路经济带"和"21世纪海上丝绸之路"就是这样的国际物流平台。

4. 不同构造的物流平台

（1）铁路物流平台

铁路物流平台是依托于铁路线路，在和仓库、车站、货场等资源进行系统化的构筑所形成的物流平台。这是我国国内远程物流的主体平台系统。

（2）水运物流平台

水运物流平台的主体结构是水运线路，特点是大运量和低成本。可以进一步分为远洋水运平台和内河水运平台两大类。其中，远洋水运物流平台是我国国际贸易物流的主体平台系统。

（3）航空物流平台

空运物流平台的主体结构是空运线路，主要特点是小运量、快速度和高成本。这种物流平台在使用上有所制约，基本上属于专属式物流平台。

（4）公路物流平台

公路物流平台是依托于公路运输线路，在和仓库、车站、货场等资源进行系统化的构筑所形成的物流平台。这是我国及世界各国使用最广泛的物流的主体平台系统。

5. 物流平台体系的特点

（1）复杂性和多样性

物流平台拥有十分复杂的结构体系，因此其本身就是一项十分复杂的系统工程，物流平台的结构体系十分重要，国家的经济建设都和这项系统工程有关系，像铁路网络、公路网络、内河水运网络、沿海水运网络等各种网络系统的建设都离不开物流平台的结构体系建设。另外，物流平台的结构体系建设还关系到物流基地等物流设施网络的布局和建设、信息网络系统的建设、物流机械工业和自动化体系的建设等。系统建设的结构如此复杂，必然离不开大量的资金和人力支持，同时也需要更长的时间来逐渐建设起来，并且在今后的运行中也需要磨合调整。所以我们知道，物流平台的建设和运营是一个长期的工程，不可能一蹴而就。这也造成了我国的现代物流成本长期占据 GDP 高位的现状。

物流需求具有多样性，也就造成了物流平台的复杂性，物流平台的结构体系也反映了这种多样性。

（2）鲜明的层次性

物流平台虽然有很多层次，但是并不会杂乱，因为本身具有层次性。所以建设平台体系时一定要牢牢抓住平台层次的规律，因为对层次的关系有了总体性的认识才能逐步、按照规律建设起平台。

（3）内在相关性

物流平台具有十分强烈的内在相关性，所以平台的建设也是内在不同结构和要素的关系不断优化的结果。如果忽视了相关性，选择单兵独进，虽然将个别的领域建设的水平和质量提高，但是整体的结构并没有优化。在国内，物流平台的相关性研究并不成熟，还有很多需要解决的问题，比如不同的国情条件下各种线路的比例关系、此长彼消的相关关系等都没有解决。

6. 物流平台的作用

（1）物流平台决定物流运作水平

物流的运作才能实现物流服务，而运作的基础是物流平台。虽然一些物流运作没有物流平台的支持也能运行，但是很难有所突破获得更大的成功。所以，物流运作的现代化需要现代物流平台的支持。

物流平台的支持制约着物流运作的水平高低，在现代物流领域中有一条明显的规律，那就是物流平台的水平决定了物流运作的水平。基于这一项规律，即使是同一个物流平台，但是物流企业的运营和管理水平和决策能力不同，也会影响物流运作的水平，企业的运作水平本身就有很大的差距，因此会给物流运作水平带来巨大差异。物流运作的水平再高，也不可能脱离物流平台所提供的支持。比如说，散装水泥的物流运作中，如果没有储存的仓库，也没有对于水泥装卸的设备和车辆，同时也没有散装计量散装接收和使用装备所构筑的散装平台的支持，这个散装水泥就无法实现现代的散装物流。

（2）物流平台是现代物流的重要组成部分

现代物流是一项系统的工程。现代物流和传统的单项系统工程相比规模更大、覆盖面更广、涉及领域也更多、涉及的深度更深，属于特殊的系统工程。在现代物流系统工程中，物流平台起到了基础的支撑和承载作用，再加上科学技术的支持、现代物流企业的运作，国家现代化物流的完整架构就形成了。

（3）物流平台是国民经济基础

物流平台作为国民经济的基础体现在平台支持现代物流的运作，国民经济的各个产业都需要物流的运作服务，同时，物流运作还支持国民经济的其他产业运行，促进了国民经济的基础建设。另外，物流平台的基础作用不仅体现在其承载和支持的作用，人的流动也需要平台的支持，甚至有一部分物流和人流的运行依靠的是同一个平台。所以，物流平台也是支持国民旅游、文化和政治活动的重要基础。

（4）物流平台是现代化水平和现代文明的标志

在早期，物流平台的一些基本要素就成为国家实力和文明的标志。工业文明的标志就是铁路的运行和远洋货轮的运行；而现代文明的标志就是电气化铁路和高速公路等。即使在今天，一个国家的铁路、高速公路和远洋航线的里程也体现了国家的实力。随着时代的发展，物流平台的水平越发成为国家实力的象征。

7. 物流平台对物流的影响

（1）物流平台决定物流量

虽然，国民经济和人民生活对物质的需求决定了全社会的物流总量，但是受到生产力发展水平的制约，国民的需求量有时候是不能满足的，这种情况是比较常见的，即使现代社会，生产力的制约因素依然存在。比如说我国的燃料煤炭会因为受到物流的制约造成沿海地区供不应求的现象。物流的制约其主要因素就是平台的水平问题，尤其是物流平台中铁路、公路系统的平台资源短缺的制约。

（2）物流平台决定物流速度

物流运作离不开速度问题的制约，物流平台不同，其物流的速度也会产生巨大的差异。比如说，物流平台中的铁路、公路虽然设施齐全，但是由于没有有效的衔接点，同时在结点上也没有一体化的构造，这就需要将铁路和公路的资源综合起来运用。如果在物流的运行过程中遇到了结点的问题，会造成物流的停顿，这就势必会降低物流的速度，延长物流的时间。如果物流平台支持全程贯通联运，就会降低不同物流方式转换的时间，将物流的速度提高。

（3）物流平台决定物流成本

人们一般认为粗放式物流方式虽然有一定的缺陷，但是会降低物流的成本，这是一个认识的误区。我们根据对比国内和美国的物流数据，发现我国的物流成本在国民生产总值的比重要高出美国一倍以上。究其原因，是因为我国的物流平台一般不支持低成本的物流运作。如果物流平台的贯通性比较低，就会延长物流时间，增加物流的操作流程和消耗，最终使物流的成本增加。

（4）物流平台决定物流方式

物流平台是公共的、标准化的系统，系统一旦建立，物流方式的选择就必须按照平台的要求进行。也就是说，物流平台是选择物流方式的依据，不能超越物流平台的能力选择。

（5）物流平台决定物流的现代化水平

现代化物流的重要标志在于物流平台的结构、技术和水平。物流平台的结构部分是不同国家物流现代化水平的比较指标，比如说铁路的长度、高速公路的里程、战略物资储备能力等。这也确实说明物流现代化体现在物流平台的结构。

二、物流的发展

（一）物流发展的历史

1.古代物流的发展

（1）原始社会的物流

原始社会，物流伴随生活、生产活动而发展。携带工具寻觅食物，这种劳动工具的运动就是物流。食物一旦有剩余，人们便会本能地拿到他们认为安全的地方放置留用，这又成了初始形态生活资料的物流。原始游牧社会，物流成了生产活动的组成部分，伴随生产而发展：要赶着畜群寻觅水草、躲避干燥、酷热和严寒；要携带着畜牧用的工具和生存工具，还要考虑如何去携带这些工具。物流开始具有了智慧和组织的色彩，物流是在一定的决策支持下进行的。

（2）农业社会的物流

农业社会，物流伴随着生产活动发展。农业社会物流与生产的伴生关系更加明显：收割的果实、草料如何放置，在什么地方打场、堆垛，播种、耕地时怎样少走些路等，物流开始带上了理性的色彩。物流不仅在农事活动中得以强化及发展，而且，基于社会对农业的依赖及农业对于自然的依赖，丰、歉的问题受人关注，于是，在农事之外，逐渐发展起与农业生产相关的另一种物流形态——仓储。仓储的诞生，源于生活的需要和一定规模生产的要求。不能说之前的社会没有"储"，但是，只在农业社会诞生后，由于季节所限，必须有相当数量的粮食备用，这才形成了理性的仓储活动，进而有了仓储技巧、技能、设施、理论，进入封建社会后便进一步将仓储政治化、哲学化。

（3）先秦的仓储思想

物流的理性化发展可以追溯到封建时期。早在先秦时期，就已经有仓储思想与理论的雏形了，当时的诸子百家提出了"重储思想"，仓储不仅仅是物流范畴，更是将仓储与国力、社稷、权力等相联系，仓储的政治化使得仓储得到了升华，成为治国的哲学，也成为理国之政治。当时代表人物是管子，其提出了"仓廪实而知礼节"的哲学观点，即：仓库中满满当当的粮食是国家和社会稳定和谐的物质基础，只有国家社会没有后顾之忧，才能在此基础上发展礼仪，社会的"知礼"也会促进政治的稳定。关于"重储思想"，不仅仅停留在表面的理论表述层面，更是深入到了制度的层面，比如说"积储备战""积储备荒""积储安民"……在此基础上还发展出了不同的储备模式，比如"国储""民储"等。由此可见，在我国的早期时候，仓储就已经成为政治文化中不可缺少的一部分，成为主体活动，这种思想和行为一直延续至今，我们也曾经"深挖洞、广积粮"不断努力。

古代和现代不管是在物流发展的主体思想还是物流的运行方式上都存在很大不同，最为突出的是古代"重储"，现在则是"重流"。我们也可以从另一个角度来解读，古代的"重储"主要是由古代的环境、古代的生存条件以及古代的信息掌控决定的，在这些因素的影响下，人们对于物流的认识一直是静态的，因此"重储"；现代的"重流"，强调的是一个动态的认识，用发展的，全面的观点看待物流。古代"重储"思想和一系列的论战有着重要的意义：在当时的生产条件下，就已经形成了物流的思想理论体系。遗憾的是，当前我国的物流并没有延续这一体系，也没有获得很好的创新和发展，近几十年以来，我们对苏联的"物资流通"进行了学习，对日本的"配送"和西方的"供应链"进行了借鉴，但是在这个过程中，并没有形成自己的系统化本土化的物流理论体系。

2. 中国古代物流网络的形成

纵观物流发展的历史，"丝绸之路"是值得大书特书的一笔，其是中国古代逐渐形成的物流网络，在物流发展史上有着重要的承前启后的意义和作用。"丝绸之路"是具有浪漫色彩的名称，是由外国人提出的名字，这也使得很多人对丝绸之路有误解，认为丝绸之后单纯的就是一条可以让骆驼或者马车通行的土路。但实际情况并非如此，丝绸之路不仅仅是地理上的一条道路，更是由包括陆上道路和海上道路在内的不同地区若干条线路以及它扩散和辐射的道路形成的一个道路联结起来的网络，是一个可以打通东西方的一个物流平台。从历史文化角度来说，丝绸之路所要传递的不仅是触手可及的货物，更是无形之中的文化和思想，当然，具有文化内涵和技术内涵的货物是最好的物品，贸易是推动传递的重要力量。

"丝绸之路"有两大块即陆上丝绸之路和海上丝绸之路。首先，路上丝绸之路，是经中国西部、中国西南地区通往欧洲、西亚的道路，是由若干个陆上通路所组成的道路网，有说法认为它往西可以一直延伸到罗马，陆上丝绸之路起于先秦时期，大致可以分为北方丝绸之路与南方丝绸之路两个板块。其次，海上丝绸之路，经由中国东南部向外延伸，主要通往东南亚以及更远地方，主要是由海上航线所组成的道路网。海上丝绸之路起于秦汉时期，在我国有很多海上丝绸之路的起点，比如沿海一带的城市，从北方的烟台到南方的广州都有分布。海上丝绸之路有三个板块：一是到东洋朝鲜和日本的海上通路；二是到南洋的东南亚方向的海上通路；三是到西洋的南亚、阿拉伯地区和东非沿海区域的海上通路。

"丝绸之路"不仅是每一位中国人的骄傲，同时也是中国古代对世界文明和物流发展做出的重要贡献。

3. 工业革命期间物流的发展

工业革命以前，生产和消费规模都不大，流通的重要性也不明显。随着工业文明的不断发展，社会生产得到快速发展和提升，消费规模也越来越大，工业化大生产以及专业化的分工使生产和消费出现越来越明显的分离趋势，在此情况下，流通对生产有着越来越突出的反作用，并且，流通的地位不断上升，对生产表现出决定作用。

当前，生产和消费的分离情况越来越普遍，也越来越广泛，这就导致将两者联结变得越来越难，现代社会在流通领域存在着大数量、多形式、多品种的产品，这加剧了这一矛盾的尖锐：一方面是产需越来越大的分离，另一方面是要求流通时间越来越短。所以，表面上看是互相背反的两个现实，实际上是规律性的东西。一方面，越来越大的产需分离，使得社会分工越来越彻底，甚至从村镇分工扩大到城市分工以及地区分工，在不断发展中形成了今天的大规模集约化和国际分工，这显然是进步的；另一方面，越来越大的分工和分离必须要靠流通来弥合。物流就是在这一进程中发展起来的。

流通和物流的关系是：流通促进了物流的发展，物流的发展又更大规模地促进流通。早在千年以前，欧洲就开始进行跨海贸易和船运航行；而在我国宋代，就有可以吞吐百万石的中转仓库（转搬仓），并且还有库房千间的营业仓库（塌房），显而易见，社会流通对物流有着很强的促进作用。

需要注意的是，物流最初发展是与生活及生存密不可分的，是伴随发展的关系，之后发展为物流伴随生产而发展，但是在商品流通实现规模化之后，物流出现了伴生于流通发展的现象。在当前，大部分人忽视了物流在生产领域的重要作用，认为物流仅仅存在于流通领域，这种情况的发生可能与物流伴生于流通发展有关。

4. 第二次世界大战期间物流的发展

（1）第二次世界大战的物流实践对物流的推动

第二次世界大战阻断了已开始的物流理性思考，同时也阻断了国家之间的正常经济交往的物流，战争环境使得人们无法在正常的经济环境下对物流继续考察。尽管如此，物流在军事领域获得了发展，比如，第二次世界大战中形成的军事后勤以及托盘叉车系统的有效性，可以使人们对物流问题进行技术装备的思考，站在系统的角度思考系统物流。与此同时，独立的功能要素，比如装卸、搬运、运输、保管等，在战争的大环境下朝着连锁化、一体化、一贯化方向发展，这推动着物流系统和物流科学的形成。

（2）第二次世界大战后物流的广泛探索

"物流"这个术语是在第二次世界大战后，才开始在企业中得到应用的，此时的"物流"指的是运输、仓储、包装和物料搬运，可以这样说，虽然简单但是已经具备物流理论认识的核心内容了。当然，还有国家使用"物资管理"（Materials Management）一词并将其定义为："获得并使用所有生产成品所需要的物资的活动。这些活动包括生产、库存、控制、采购、运输、物料搬运和接收。"显而易见，在这个定义中，物流的内容被包含在内了。在当时，物资管理这个词还有另外一个定义，在这个定义中也明确说明了物流的含义，即："物资管理包括一切同物资有关系的活动，除了那些直接设计、生产产品和维护设备、维护工具的活动。"除此之外，当时还有一些企业引入了战时后勤（Wartime Logistics）的概念，使其变成了企业后勤（Business Logistics），并这样定义："对一切促进和协调物资购销和增加物品时空效用的活动的管理。"很明显，这个定义与当时的物流概念相差不大。

上述几种叫法，不同经济领域有不同的采纳习惯。例如，物流一词多用于流通企业，物资管理一词多用于生产企业，而企业后勤一词则多用于公司之类的大企业。但是，无论在什么企业，选择什么词汇，这一时期的物流观念有一个共同的特点，即强调非生产的实物运动范畴，即使是围绕生产企业的物流观念，也都是生产加工环节的上下延伸，即供应和销售环节的物流，而很少关注加工制造过程，即生产过程中的物流。这也是第二次世界大战之后，往往将物流等同于流通或把物流当作流通其中一部分而忽视生产物流的原因之一。

5. 第二次世界大战后日本物流的发展

（1）第二次世界大战后日本引进物流概念

在 1956 年，日本派出了"流通技术专业考察团"去美国学习，之后在日本引入了 Physical Distribution 经济形态。对于词语的名称，最先使用的是"物的流通"，"物流"一词的普遍使用是在 15 年后。日本在 1958 年对物流进行了大规模的调查研究。随着 20 世纪 60 年代日本经济的腾飞，经济的高速增长带动了物流在日本的应用，并且有着越来越重要的地位和作用，随后被纳入企业的核心竞争能力之一。

（2）政府把物流放到国策的高度

日本政府不断地推动物流应用，推动物流标准化及制定物流的相关政策。这在 20 世纪 90 年代达到了新的高度，日本政府先后制定了《综合物流施政大纲》

（1997年）以及《新综合物流施政大纲》（2000年）。

（3）日本对物流的创新

①"第三个利润源"的理论创新

著名的"第三个利润源"理论出自日本，是早稻田大学教授西泽修先生在1979年提出的。物流是一门实践科学，因而对物流进行科学理论研究和深入的成本分析十分不足。西泽修教授赋予了物流科学以理论的色彩，这个创新对物流学科的建立有很大的贡献。

②物流合理化的社会实践创新

日本把建立在本国国情基础上的物流合理化作为发展物流的一个基点，产生了许多物流合理化的创新。例如，"共同化"的创新，旨在整合资源，减少投入而提高物流的产出，缓解对环境的压力；又例如"配送"的创新，旨在解决末端物流合理化。

③看板方式的应用创新

对于日本而言，其"流通立国"，不但在流通领域有创新，在生产物流方面也有创新，其中著名的就是"看板方式"，这是由丰田公司对生产物流系统所创造的，其价值在于：现代物流有着重要贡献，不仅在流通领域，在生产领域也有很重要的贡献。很多人都会将物流定位成流通子系统，这是大部分人对物流认识的偏差，"看板方式"的提出提升了现代物流的价值。

6. 第二次世界大战后中国物流的进步

全世界接受物流观念和理论，有一个非常重要的缘由那就是发生在20世纪70年代初期的石油危机。这次波及全世界的石油危机是对之前各种组织形态、各种应用科学的巨大考验。在石油危机期间，石油的价格高歌猛进，随之而来的其他能源价格也不断上涨，这强烈地冲击着高耗能产业的发展，物流也同样如此。

理论界和经济界在石油危机之后对物流刮目相看。人们之前并没有认识到物流合理化的重要性，但是这次的石油危机中物流表现出了巨大的生命力和发展前景。面对原材料与能源价格不断上涨的情况，生产者的生产成本控制不上涨已经非常困难了，要想在生产中获取更多的利润更是难上加难，但是改进物流可以使生产者获得更多的利润。在这样的情况下，人们认识到了物流所具有的潜力，这加速了物流科学的发展与进步。在 20 世纪 70 年代末，我国也开始使用物流这个词汇，比日本晚 10 年。

可以这样来讲，对于 20 世纪 60 年代的日本和 20 世纪 80 年代的中国而言，物流是过去人们虽然可以感知到的但是没有将其理论化、实践化的一种新观念、新概念、新思路、新见解。随着改革开放的不断深化，我们不断接受世界上最先进的理念和产品，当物流理论和方法一映照，就让人有"茅塞顿开"的感觉。因此，物流在我国很快就成为潮流，物流这门学科也被广泛普及。

政府及各种团体是最初引进国外物流的主体，尤其是中国的物资系统和交通系统。在 20 世纪 80 年代，中国物资经济学会组织了 19 个物流考察团，去发达国家进行考察学习，而且接待了 21 个国外的物流学术团体，与此同时，还把物流的引进、学习和研究群体从少数政府官员扩展到工业企业、研究单位、流通企业、高等院校，实现了从政府向社会的飞跃。中国对于现代物流的认识和接受，除了物流已经在世界有广泛的影响之外，还有一个重要的基础——中国已经接受了钱学森教授的系统论，能从系统角度认识"物流"。包含在物流之中的系统的见解，就是将包装、运输、装卸、搬运、保管等过去独立的和互相没有密切关系的活动，用物流两个字统一起来，成为一个统一的系统。

7. 现代物流的产生

描述物流，放弃 Physical Distribution 而选用 Logistics，这并不是简单的词汇选择问题，我们可以这样来看：Physical Distribution 表示的是物流的初期概念，而 Logistics 表示的是现代物流的概念。

现代物流是一个包括理论、技术、设施、装备、管理等方面的系统结构，涉及软件、硬件等全方位的、多方面的现代化。"以用户为核心"的物流服务观念是这些方面所围绕的核心。这种情况并非理论上的一种理想状态，而是市场造就的结果。在市场经济中的买方市场，物流服务只有"以用户为核心"才能获得生存和发展。

十几年前，中国有一个庞大的、覆盖全国的"物资流通部门"，尽管大量投资建设网络、发展现代化的技术和装备，但仍然难以使物资在国民经济中顺畅流转开来。其重要原因是它背离已经逐渐形成的市场经济环境，以自我为中心搞分配、搞资源配置，没有"以用户为核心"。物流的本质是"服务"，所以，它更是现代物流的核心问题。

（1）现代物流的经济环境

① 买方市场的经济环境

在买方市场环境中，买方能利用自己所处的优势地位对物流服务提出要求并且起主导作用。这是使物流取得发展的动力和鼓励这种发展的经济环境。

② 远程化和经济全球化的经济环境

远程化和经济全球化的环境不但对物流的技术有了更高的要求，从而促进了物流技术的进步，而且，为了应对国际化的物流服务，这种环境要求突破国家的界限，建立国际化的物流网络和从事国际化物流的企业和组织。这就促成了一批国际化物流企业，也更促进了物流专业分工。

③ 社会分工深化的环境

随着社会分工的不断深化，物流的分工朝着深化的方向发展。物流成为独立活动并且在不断发展中形成庞大产业的重要原因在于商流和物流的分工。不仅如此，社会分工的深化还使得物流业整合形成了不同的物流生产力，形成了不同的物流服务能力，以此来适应社会的需求和发展。

④ 生产方式的环境

生产方式的不断变化会对新物流形态的形成产生推动作用。比如：物流传送技术的发展得益于流水线式大量生产；而精益生产促进了准时物流的发展；协作生产方式推动着配送出现等。

（2）现代物流的特点

① 系统化的物流

现代物流的最主要特点就是系统化，物流科学形态建立的基础就是系统化。物流系统需要把各个独立的活动组合在一起，这就需要系统化的装备技术、组织技术。物流生产力的主体技术是由系统化的技术构筑而成。例如，集装箱系统——贯穿物流的全过程；托盘叉车系统；传送带生产系统——贯穿工艺流程全过程；重力式货架系统——进货、储存、出货连接为一体等。

② 远程化、全球化的物流

现代物流涵盖的范围非常的广，遍及全球，因此其重要的特点之一就是远程化。物流运作是这样，支持现代物流运作的物流平台也是这样。对于传统的物流而言，实现远程化可以依靠大自然造就的平台，比如哥伦布航海。但是，如今要全面的实现远程化，打造全球化就需要打造一个可以提供支持的平台。例如，我国打造国际物流支持平台，经过多年的建设，巴基斯坦的瓜达尔港成了中国开发、使用、经营的港口；亚马逊将华南运营中心落户在广州，这成为其重要的物流平台。

③ 精益化的物流

进入后工业化社会，工业生产出现了很多的轻、短、薄、小趋势，这就导致出现了多批次、多用户、多品种、小批量的物流需求，在这种情况下，物流必须发生变革以适应生产发展，传统的大宗物流形式只能与大批量生产相适应，并不能适应新的社会需求。大宗物流有着成本低、效率高的优势，但是现实是这种物流形式无法贯穿在物流的全过程。也就是说，只有少数的渠道可以使用这种方法实现贯穿全程，在大多数的情况下，越靠近末端，渠道就会变细变密，这时候就有成本增高和效率降低的问题和现象，此时，大宗物流是不能适应这种需求的。以上就是物流精益化产生的历史背景。

当然，现代物流科技创造了许多精益化的技术，例如冷链技术、全球卫星定位技术、射频标签系统技术、条形码技术、零库存技术等。

④ 网络化的物流

网络化是物流系统化的一个非常重要的形式。物流资源呈现出地域分散的特点，这就要求物流只有成为网络才能贯通起来；物流服务需求也具有地域分散的特点，这个特点也就注定了物流必须有能力通过网络的形式连接这些分散的用户。所以，网络化是有特点的技术。铁路、公路、水运等都要形成网络才能够覆盖广大的经济区域，它们之间又需要形成综合性的网络才能使物流得以优化。

⑤ 产业化的物流

后工业化社会中，在社会经济领域中，不仅广泛存在着物流活动，而且以物流这种生产方式为基本共同点的行业已经形成了集群，形成了一个产业即物流产业。物流产业的形成是后工业化时期规模化的重要进展之一，规模化不仅要求在数量上的巨大，也在结构方面有要求，形成产业集群。现代物流的一个重要进展就是产业化。

⑥ 信息化的物流

最能体现现代物流特点的词汇就是信息化，不管是全球化还是远程化或者精益化的物流，都需要信息技术来支持。物流信息化一直以来都是难点问题，主要原因在于，一是物流系统具有开放性，二是物流活动具有流动性。因此，物流信息系统需要有很高的技术和管理水平，造成了信息化成本的高昂，一般的企业无法承受信息化的成本，这也进一步导致现代物流发展滞后于现代生产的发展。物流时刻处于大范围变换位置，要对其进行管理与控制，使其活动具有系统性就需要信息技术的支持，需要进行信息化。因此，物流信息化是现代物流非常典型的特点。

8. 现代物流的进一步发展

对于流通和生产的相互地位，我国曾经有过关于生产决定流通还是流通决定生产的长期的争论。在计划经济时期，这个问题关乎国民经济发展的优先排序问题。

社会分工将流通从生产中分离出来，在此之后的很长一个时期，流通具有派生性、附属性。在这个阶段虽然实现了社会分工，但是流通并未像生产一样，具有完全的独立性，也缺乏规模化与系统化，此时，对于流通来说，其相对于生产而言处于弱势地位。

在传统的经济学和经济领域有一种倾向，就是"重生产、轻流通"的倾向。在日本，"流通立国"，因此流通所具有的一定程度的核心作用以及所具有的先导作用在日本得到了认可和接受。但就当时情况而言，普遍认为是日本的特殊状况，并非普遍性的真理，并没有得到重视。

在 20 世纪后半期的美国，出现了很多的变化产生了很大的影响。在产业革命之后，美国以生产性产业为支柱，强大的生产"伸出一只手"去抓流通，社会流通尚欠发达。在第二次世界大战之后，美国的经济发生了变化，在经济领域日益显现出消费和流通的决定地位，企业着重抓流通让位于流通业务社会化。其中典型的就是福特汽车公司的生产、流通垂直一体化的破灭，而社会流通企业沃尔玛开始崛起。

在现代社会中，市场由卖方市场转变为买方市场，这就促进了社会经济结构的转型变化。其中，生产、消费、流通三位一体的经济结构取代了传统的以生产为核心的社会经济结构。对于生产、消费、流通三者的关系，可以这样理解：消费通过流通来决定生产。这也就表明，流通的决定地位非常的牢固。当下，我们面对一种前所未有的格局，即：生产和流通的关系已经发生了战略性的转变，社会经济的发展由传统的生产决定转向由流通决定。生产由商业资本主导，流通决定生产，流通也决定着社会的进步和经济的发展。

由于物流在流通中的决定地位——流通时间取决于物流时间、流通成本主要是物流成本、物流更多体现为流通中的生产力，所以，现代社会流通的决定作用，实际上是物流的决定作用。需要指出，这种决定作用现在虽见端倪，但是，仍然应当把它看成趋势性的、长远的发展，会影响增长方式的转变和相互关系与地位的改变。但是，不能因此就否认物流的服务作用和服务地位。物流作为"服务业"，作为"生产性服务业"的定位，是非常切合现代社会经济发展实际的，脱离了这个实际，物流的发展就会走弯路，就会贻误发展时间。

在 20 世纪初期，物流在经历了上千年积累性的发展后，随着社会分工的不断深化，导致在社会经济之中，物流作为独立的经济体开始出现，人们才开始逐渐认识到"物流"这种形态。最初是在生产活动中，只有物流没有参与实际的生产过程，并且和工艺有关，保持特性。如果将生产活动进行细分，可以将其分为两个部分：一是纯粹的生产工艺活动；二是不可缺少的物流活动。对于流通领域而言，细分也导致了商业交易活动与实物运动活动相分离的"商物分离"状态。由此引发了进一步的思考、研究、运作，产生了系统的物流。

20 世纪情况出现了变化，那就是系统物流诞生并最先开始于农产品物流。据美国有关文献，1901 年就已经有了关于农产品物流系统重要部分配送的专门报告，一些关于营销方面的研究和文件开始涉及物流和配送等问题。

在科学的认知方面，德鲁克做出了贡献。20 世纪初至 60 年代，人们虽有感受并开始系统运作和理性思考，但物流的主体仍不大清晰，而"灰色"却很重。被誉为当今"管理学之父"的 P.F. 德鲁克最先提出了"物流"（Physical Distribution）这个词汇，反映 20 世纪初这一科学概念的主体已逐渐显露。

20 世纪初美国财团为了认识这块"黑大陆"组织了大规模调查和研究，得到的结论具有很大的影响力，其调查报告表明"流通费用确实太大"。这一结论重要的数据是：以商品零售价格为基数计，社会流通的费用占到了59%，大部分为物流费用。这次数量分析成为物流系统运作和理论研究的基础。对于"供应链"有科学认识和描述的鼻祖是德鲁克，他认为"供应链"的前身来自德鲁克的"经济链"，之后由迈克尔·波特引申发展为"价值链"，在不断演变中成为"供应链"。

随着物流科学的不断发展，物流产业也在国民经济中逐渐形成，成为第三产业的重要组成部分。就发展历程而言，在国民经济中的物流是独立的业态和在企业中物流是独立的管理形态，二者的出现是同步的。物流的发展一方面得益于观念的革新、思想的进步和科学理论的形成，更重要的是它在国民经济和企业中起的作用。物流产业的形成对推动物流发展起着重要作用。

物流产业是行业群体，以物流活动为基本共同点，换句话说，物流产业是以物流这种生产方式为共同点的行业的一种集合。物流产业的主要特点是其主体是服务性的、非生产性的。物流产业通过服务来提高物的附加价值。附加价值的形成离不开物流活动过程中投入的活劳动与物化劳动的转化，这和生产劳动有本质的区别。

任何复杂的领域都有例外，物流业也有一部分从劳动方式、劳动性质来看属于生产劳动，例如流通加工。但即便如此，流通加工附加价值构成中，服务劳动仍是主体。也就是说，流通加工可以形成很大的附加价值，所以才有特殊意义。流通加工的生产劳动较简单，那么大的附加价值从何而来呢？实际上是物流服务所形成的。所以，物流劳动性质即便在流通加工领域有些例外，但也不足以改变物流产业的性质。

（二）物流发展的领域

1. 绿色物流

绿色物流的目标：降低污染环境、减少资源浪费、减少资源消耗。绿色物流要借助先进的物流技术规划和实施的运输、储存、装卸、包装、流通加工等物流活动。绿色物流是针对绿色产品和绿色服务的一种快捷有效的流动绿色经济管理活动过程，也叫作环保物流。总而言之，对于不会对生存地域环境造成破坏的物流被称作绿色物流。绿色物流的主要行为主体是专业物流企业，当然，相关生产商、客户、销售商等也与其有着密切的关系。

常见的物流活动的目标有实现自身企业的销售盈利、提高企业服务水平、满足客户所需、提高行业占有率等，这些目标都是为了提高自身经济利益。与常见物流活动不太相同，绿色物流除了满足常见目标外，同时还不断追求节能、节源与环境保护这类社会经济性目标。值得一提的是，从企业的利益视角来看，保护环境、节约资源、获得经济利益，这三者的目标在根本上是一致的，但是对于某些特定的物流公司，这三者是相反的、矛盾的。

（1）绿色物流的特征

绿色物流不但具有一般物流的特点，还有其独有的特点：多目标性、多层次性、时域性、地域性等。

① 多目标性特征

多目标性，这就意味着企业要立足实际进行物流活动作业，要坚持走可持续发展的道路。这就需要企业不断提高自身的生态环境保护意识，不断寻求经济效益与生态环境的有机结合和协调一致，在追求最大经济效益的同时协同发展社会效益、生态环境效益、顾客利益。此外，绿色物流的各个目标之间是相互制约的关系，在某个目标达成度提高的情况下，其他目标的达成度就会下降。因此，必须从可持续发展的角度来解决绿色物流的问题，只有以生态环境效益为基准，才能最大限度地促进其他三个效益获得发展，进而实现多目标的平衡与协调。

② 多层次性特征

绿色物流的多层次性主要包括以下内容。首先，从管理和控制主体的角度来看，绿色物流可以划分为三种：一是宏观层次的社会决策层，主要是通过政策来对绿色观念进行宣传；二是中观层次的企业管理层，主要是通其他公司进行合作，以此来实现双方的供应链优化和升级，实现资源的再利用，实现利益的最大化；三是微观层次的作业管理层，主要是强调绿色化物流过程，强调在包装、运输方面实现环保的绿色化发展，进一步实现流通加工绿色化。其次，从系统的层面上来讲，绿色物流系统由多个单元（或子系统）构成，包括绿色存货子系统、绿色包装子系统、绿色运输子系统等。当然，我们可以依据不同的角度对子系统进行细分，每个子系统都有自己的层次，与不同层次的子系统的关系是相辅相成的，在这样的情况下，最终形成一个有机的、整体的系统。在这个有机系统中，可以促进自身结构的优化升级，进一步提升绿色物流系统，达到最终实现绿色物流系统的整体目标。

③ 时域性和地域性特征

时域性主要指的是在产品生命周期的全过程中，绿色物流管理活动贯穿这个过程，涵盖生产内部物流、原料供应、成品的包装、分销、运输，直到报废、回收的整个过程。

地域性有两种表现形式：一是随着国际化程度的不断加深，世界各地的联系日益紧密，物流活动突破了空间的限制，跨地域的涨势迅猛；二是绿色物流的管理仅仅依靠一个或几个企业的力量是不够的，需要供应链上所有企业的积极响应和参与才能实现。

（2）绿色物流的发展意义

① 发展绿色物流促进社会效益

绿色物流的目标是减少对资源浪费、实现保护生态环境。绿色物流的发展可以促进经济社会的发展，也可以促进文化的进步，是一种战略性方式，具体体现在以下两个方面。

首先，保护生态的作用。人类社会的蓬勃发展建立在对资源的开发和利用之上，环境的开发日益加剧，由此导致了一系列的环境问题。在很长一段时间内，人类一方面是对自然资源掠夺般地开发，一方面不断生产垃圾、产生废物，并且将其扔到大自然中，这就造成生态环境问题的日益严重和尖锐，危及人类的生存。对物流活动中的环境问题进行解决，有益于保护生态环境，从长远与整体角度来看，绿色物流可以协调物流与生态之间的关系。

其次，可持续发展的价值。可持续发展是指既满足当代人的需要，又不损害子孙后代的需要的一种发展模式。开展物流活动时，肯定会消耗一定程度的能源和物质，影响生态环境。绿色物流是一种可持续发展模式。基于绿色环保理念，在循环经济条件下，实现物流与环境的共生，实现有机结合，推动物流行业的更进一步发展。

② 发展绿色物流对企业的效益影响

发展绿色物流一是对生态环境的建设有利，二是促进循环经济的优化和发展，三是提高企业的经营业绩和经济效益。因此，发展绿色物流是企业提高经济效益的重要途径。

A. 绿色物流的社会价值

绿色物流始终贯彻两个意识：一是减少环境污染，二是实现生态环境与市场的和谐。绿色物流管理一方面对循环经济的发展起到加速作用，另一方面有利于社会文化建设和社会经济建设。绿色物流管理给企业带来的社会价值主要体现：企业实施绿色物流管理，从经济效益角度来说可以获取良好的经济效益，从社会效益角度来说，可以提升企业的形象，提升企业的信誉，落实企业的社会责任。企业理论学这样认为，企业不仅要注重经济效益，更要树立企业形象，这是非常重要的方面，并且需要提升企业信誉，履行社会责任。实施绿色物流管理的企业可以通过 ISO14000 环境管理体系等环境标准的认可。通过这些环保标准的认证，可以促进消费者更倾向于这些企业的产品，从而增加产品的销量，为企业带来经济效益。

B. 绿色物流的经济价值

生态系统与经济系统之间存在着内在的、固有的平衡。企业会在严格的环保标准下选择环保的物流方式，这就促使企业在一定程度上提高资源利用率，只有这样才能降低成本，在竞争企业中脱颖而出。由此可见，解决环境问题的结果是利大于弊，虽然这样会增加企业的生产成本，但是环境问题得到友善的解决会促进经济效益的提高，进而为企业带来发展机遇，促进企业竞争力的提高，占领市场份额。实施绿色物流管理为企业创造的经济价值体现具体如下：一是可以帮助企业树立良好的企业形象，建立企业文化；二是企业不断提高资源的利用率，促进资源的节约和环境的保护，制定合理的、科学的产品库存计划和运输方式；三是降低了企业的物流成本，间接降低了企业的生产成本，提高了企业的生产率，可以获得更多的经济效益；四是回收和再利用自然资源，促进资源和能源的循环再利用，降低原材料成本，发展逆向物流，提高企业服务质量与水平。

2. 低碳物流

随着二氧化碳排放日益增多，臭氧层破坏，气候问题越来越严重，全球开始兴起"低碳革命"，人们逐渐进入低排放、低污染、低能耗的低碳生活方式。低碳物流成为物流发展的新热潮。物流必须走低碳化道路，着眼于发展绿色物流服务、低碳物流和低碳智能信息化，只有这样才能促进物流行业向高端服务业发展。然而，如何让企业真正认识到低碳物流的作用、了解低碳物流的发展前景、根据企业实际情况制定合理的低碳物流行业标准，是决定低碳物流能否贯彻落实的重要问题。

3. 电子商务物流

电子商务物流是随着 Web3.0 发展与信息技术的支持，由互联网平台带动发展起来的物流新商业模式，故又称网上物流。物流企业可以通过相关的物流平台公布自身信息与物流业务，使其能被全国甚至全球范围的客户认识了解。同样，有运输需求的货主可以通过互联网平台选择合适的物流公司。互联网平台致力于为有物流需求的货主与能够提供物流服务的物流公司提供一个快捷、方便、可信赖、自由的线上沟通交易场所。目前，越来越多的物流企业通过网上交易平台找到了客户，扩充了业务，扩大了市场范围。互联网时代的到来给物流企业与货主带来了新的发展，提供了更多的机会。

综合来说电子商务是企业利用计算机技术或网络技术等现代信息技术进行的各种商务活动，其有三个主要内容，即服务贸易、货物贸易、知识产权贸易。

（1）电子商务的实质是一种采用先进信息技术的买卖方式

在电子商务网络交易平台上，按照标准格式要求，交易各方输入自己的供求信息，电子商务网络根据客户的需求搜索相关信息，以此，为客户提供多种交易选择。客户确认后，可安排收款付款、合同等各项事宜以及产品的交易、产品运输等流程。这样，对于卖方而言，可以以较高的价格出售商品，对于买方而言，买方可以以较低的价格购买原材料和商品。

（2）电子商务的实质是一个用来进行虚拟交易的市场交换场所

电子商务跨越时间、空间界限，可以及时为客户提供各种优质服务，包括产品需求量与供应量和交易各方的具体资料等，让交易各方便于分析市场，更准确地掌握市场发展方向。

（3）从商务和现代信息技术角度理解电子商务

电子商务里的现代信息技术包含了各类以电子信息技术为基础的通信方式。另外，商务从宏观理解包括契约型或非契约型的所有商务性关系所导致的各类活动。电子商务是商务和现代信息技术的重合部分，就是电子商务中会广泛提到的Intranet和电子数据交换（EDI）。

（4）电子商务并不单指将商务进行电子化

电子商务包括很多方面，包括公司前台业务电子化、后台所有工作体系的电子化与信息化，以及改善调整公司的业务经营活动。简而言之，真正意义上的电子商务，是指以公司整体系统信息化为主，利用电子方式对公司的一系列物流流程进行全面、系统的指挥。

狭义上来讲，电子商务是指基于Internet（互联网）的商务过程；广义上来讲，电子商务则是指通过Internet和LAN（局域网）等多种不同类型的网络进行的商务过程，这也是电子商务所对其定义。对于电子商务的认识不能仅仅认为其是利用Internet进行商业贸易，实际上的电子商务的内容非常广阔，包含通过电子信息网络进行的开发、设计、销售、广告、采购、结算等。瑞维卡拉与安德鲁（两者均为美国专家）认为，"电子商务不失为一种适应当代商业的发展形式"。电子商务为了满足销售方、企业方以及客户的需求，不断提高服务质量和水平，不断提高企业的经营效率，以此降低成本。

传统企业只有通过重组和优化企业内部管理信息系统，才能实现企业优化转型，走上电子商务之路。公司实现电子商务的起点是管理信息系统（Management Information System，MIS），实质上来说，MIS就是通过分析和处理公司内部所有信息，对商品流、信息流、资金流、物流等进行系统的管理，在此基础上不断提高企业的经济效益，提升企业的经营水平。

4. 物流金融

物流金融（Logistics Finance）主要是面向物流业的运营过程，为了有效地组织和调剂物流领域中货币资金的运动，不断应用和开发各种金融产品。其中的资金运动包括在企业进行物流活动中的各种贷款、存款、保险、投资、租赁、信托、贴现、抵押、有价证券发行与交易，当然还有金融机构所办理的各类涉及物流企业的中间业务等。

5."互联网+"物流

"互联网+"是一种充分发挥互联网在优化生产要素配置等方面的优势，将互联网的创新成果运用到各个经济领域的新经济状态。"互联网+"物流是互联网与物流企业协调发展的新物流模式，它可以促进物流价值链的重构，对于供应链上下游企业信息共享、资源共同配置、流程协同优化起到很好的促进和协调作用。它能够帮助企业充分认识顾客需求，为顾客提供及时的物流服务，达到提高物流的效率，并且达到提高顾客满意度的目的。

"互联网+"在2015年被写入政府工作报告，并且由此制订了"互联网+"的行动计划，将大数据、云计算、移动互联网、物联网等应用到传统制造业当中，积极促进互联网金融、工业互联网、电子商务朝着健康的方向发展，并积极引导互联网企业拓展国际市场。借着"互联网+"的趋势，物流业也开始从中寻找新的突破口。

（1）"互联网+"物流的概念

在当今"互联网+"的大环境下，信息化的时效性使得空间距离相对缩短，因此，需要对原先的物流运作模式进行调整。加快调整物流市场的格局，不断推行全面信息化，积极推进智慧物流的实现。劳动密集型是传统物流业的特点，企业更愿意加大对物流硬件设施设备的投入。随着物流活动逐步由制造业驱动的传统合同物流向快递、零担类的物流转变，小批量、多批次的物流作业成为主要趋势，导致市场需求与传统物流运营模式不匹配，服务内容同质化、服务水平低下、恶性竞争等问题频繁出现。"互联网+"物流地出现在很大程度上可以解决这些问题。

现在一般将"互联网+"物流认为是一种全新的物流形态，是物流行业和移动互联网的融合发展，充分发挥移动互联网在资源配置中的优化和集成作用，以能够实现信息共享、资源共用和流程可视化，重构物流的价值链。"互联网+"物流可以对消费者的需求进行深入了解，从而实现实时调度运输、仓储、配送等中间环节的资源，以提高客户满意度和服务效率。

（2）"互联网+"物流的特征

① 物流平台互联网化

根据互联网思维来构建物流平台，将物流资源整合和价值链重构。如阿里巴巴的生态模式，从物流平台角度延伸数据、流量、营销等价值，并且带动和帮助中小型企业。再如小米模式，是一个整合上下游企业的物流平台模式，它的盈利点主要是在延伸服务和增值服务上，而不是基础物流服务。

② 物流运营大数据化

"互联网+"物流通过提供良好的客户体验汇集大量流量，通过整合客户资源，进一步利用大数据进行精准营销；建设平台辅助系统，打造一个为客户企业提供有价值服务的平台，提高客户黏性。

③ 物流信息扁平化

通过"互联网+"物流可以实现物流信息的高效共享，将物流行业的供求信息进行整合，实现物流服务供需双方的交易扁平化，实现可视化的物流运营监控并且提高物流供应人才供应的透明度。

④ 物流资源众筹划

互联网时代是一个依靠资源和信息来进行盈利的时代，互联网经济时代具有开放、共享，以及"1+1>2"思维的众筹性。国外对众筹模式有很多的研究和发展，对于国内市场而言，在物流行业运用互联网领域的众筹模式，不管是在资本的众筹上还是在资源的众筹上，都是会有很大的发展前景和空间。

（3）"互联网+"物流的内涵

① 物流资源整合

资源整合可以促进传统物流业的改革。通过物质资源的整合，互联网可以实现两大功能和作用：首先，它可以加速打破传统物流组织的自我封闭的状态，创造一个全新的社会与经济环境；其次，物流组织可以加强与外部的沟通和联系，对于封闭式组织整合外部资源提供有力的工具。

② 价值链重构

传统的物流模式和流程必然会因为互联网与物流业深度融合而进行改革和重组。从根源上来说，对于"互联网+"物流而言，价值链的重构提供了驱动力。

价值链的重构可以分为两种：首先是表层重构，这指的是以传统的互联网为基础，对物流信息的聚合和分发方式进行重构，比如，在信息化层面上，对传统物流业进行重构主要是通过 ERP、物流信息平台、移动地图等方式。其次是深度重构，主要是指以移动互联网为基础，对物流流程的各个环节进行逐一分析，将可以省略的进行省略，利用互联网的独有特质对物流行业进行重构，这是对传统物流业的彻底颠覆。就如价值链深度重构所阐述的那样，"互联网＋"物流可以去中介化，是省去物流中间环节和节省中间费用等直接动力。一是在交易活动中，供需双方通过互联网直接联系，节省了人力、时间、物力等中间成本；二是由于物流信息的扁平化发展对于过多的人力参与其中进行了避免，在互联网上也有交易过程记录，交易双方可随时进行审核和核对，以确保交易的透明度；三是去中介化之后，整个行业可以更加直接和接收到各种交易数据，因此，通过"互联网＋"物流平台的大数据，可以对行业的发展趋势进行监控和预测。

（4）"互联网＋"物流的模式

① 平台模式

2014 年，互联网的快速发展促使全国各地出现了公路港平台、物流园区平台、零担物流专线平台等各大物流平台。国内最早采用平台经营模式进行转型升级的是传化物流，是针对转型升级提出系统解决方案的企业之一。传化物流早在 2003 年就建成杭州公路港，是全国首个公路港，也是全国首创公路港物流服务平台模式。传化物流积极发展物流的大数据，积极打造中国智能公路物流网络运营系统，形成了中国物流大脑。与此同时，运用互联网技术、云计算技术等技术以及供应链、金融等服务手段，贯穿供应链全链条，这促使传化物流成为中国物流行业新生态的品牌企业。物流平台经济是一种基于生态的新型商业模式，是对商业模式的整合和战略思路的协同，因此，具有长期的战略价值和意义。

② 跨界模式

在"互联网＋"物流的背景下，物流企业纷纷发展跨界经营模式，顺丰是进行跨界电商最早的快递企业之一。2012 年开始布局，电商食品商场顺丰优选开始上线，并坚持不懈地对电商进行投入。网购商城以全球优质安全美食为主，覆盖母婴食品、生鲜食品、酒水饮料、休闲食品、营养保健及美食用品等品类。"顺

"丰优选"依托覆盖全国的快递配送网，从原产地到客户需求地进行全程冷链保鲜，主要服务于中高端客户。

6. 众包物流

众包物流是一种全新的、社会化的物流服务模式，指公司或者发包方利用网络平台将物件或物品派送任务外包给不固定的、具有闲置时间和劳动能力的社会大众群体。它是共享经济环境下依托互联网出现的新兴物流模式，能够降低物流配送成本、提高物流配送效率。与传统物流模式相比，众包物流具有获取外部知识迅速、配送过程灵活的优势。迄今，我国涌现出一批具有一定规模的众包物流服务公司。

（三）物流发展的趋势

1. 需求扩张与结构调整

需求扩张不仅需要注重"量"，更注重对"质"的追求。在经济建设方式上，要尽快转变发展方式，从单纯依靠第一产业转变为第一、第二、第三产业协同发展和带动；在国际上，发达国家向发展中国家转移；在国内，从东部沿海地区向中西部地区转移。这些变化将极大地推动物流业结构的调整和升级。

2. 企业物流逐渐社会化与专业化

随着物流需求的不断增加，物流成本也在不断增加，很多企业已经逐渐意识到物流所具有的战略属性，选择将物流业务外包的行业也开始向上游企业扩张。企业对于物流的系统化运作更加重视，物流外包的趋势得到了不断加强。因此，企业与物流企业的合作不断深化，形成了战略联盟，进一步促进了物流的社会化。与此同时，物流专业化的趋势越来越明显，很多企业不断完善自身的供应链体系，以求可以形成满足企业业务要求、具有快速反应能力的专业的物流体系。一些大型企业如格力、海尔等开始设立区域性品牌连锁店，以此追求建立与企业经营业务合理匹配的物流体系。当前，第三方物流仍面临诸多挑战，不断增加的高质量物流服务需求。第三方物流企业需要对不同的企业需求做出不同的应对，给出相应的解决方案。

3. 物流企业细分化与个性化的趋势

为了满足企业差异化需求，产生了很多不同的物流服务模式：一是通用服务型，二是专业配套型，三是基础平台型。物流企业根据服务模式进行分类，通过对物流企业进行改革和重组，使得其服务的需求得到明显的集中。在大部分的时候，基础物流服务的需求不多，但是基础物流服务的需求不多使得物流一体化、系统化的程度不断加深，这就促进越来越多的企业有个性化的物流需求。随着不断整合和创新的物流服务的专业化，物流企业的发展也越来越朝着个性化方向发展。传统的、简单的低层次服务的利润空间被不断挤压，相比之下，针对客户不同需求提供的高端增值服务和差异化服务具有更好的发展空间和前景。因此，很多的企业为了促进与上下游相关企业的协调发展，开始追求供应链的专业化运作。对此，物流企业应该树立良好的企业形象，根据实际的情况，实时转变经营的集中点，不断对顾客的需求进行满足，对不同的客户提供有针对性的高端增值服务。

4. 日益激烈的物流市场竞争与运营风险加剧

我国物流需求者受制于"大而全""小而全"模式，这导致很多的自营物流很难实现社会化，与此同时，物流供应方"散、小、差、弱"的现状使得物流市场出现分割，导致市场上的不确定因素不断增多。面对这样的情况，我国物流市场存在日趋激烈的竞争，经营风险也在不断加大。激烈的市场竞争凸显在运输、仓储等传统服务业企业之中，大量使用"价格战"进行竞争。此外，企业面临着各种困难：一是基础消耗能源价格不断上涨，造成经营成本的不断上升；二是企业资金周转困难，经营所需资金不足；三是员工流动性大，人力成本增加，严重缺乏优秀管理人才；四是土地成本高，仓储服务能力不足，对于建设新服务设施非常困难。在这样的大环境下，物流行业的平均利润不断下降，企业的业务盈利能力也很难提高，行业和企业间主导地位的变化正在加快，企业经营风险不断加大。

5. 区域物流集聚与扩散的趋势

区域物流集聚的新发展具体如下。

（1）"物流区"。依靠港口形成，除广州、大连等地外连云港、厦门港、防城港、北部湾地区的南宁等地都有发展。

（2）"物流带"。依托城市群而形成，如湖南的长株潭一体化、武汉"两型社会"试点等。

（3）"物流圈"。基于产业链而发展，如长春的汽车物流圈、青岛的家电物流圈等。

区域物流扩散集中体现在以下方面。

（1）以国家经济发展规划为依据，物流业在东部沿海城市正常发展的基础上，推动其朝着中西部地区扩散，以此推动中西部地区物流业发展。

（2）以城市与农村之间的物资流动交换为基础，物流出现由城市向乡村延伸的趋势。

（3）为改变产业结构，降低物流费用，内地资源消耗型企业向沿海城市迁移。

（4）不断加强区域间的物流合作，如珠三角、长三角、海峡两岸等地的物流合作，不断推动区域间的物流合作的发展。

6. 物流基础设施整合与建设的趋势

我国物流基础设施建设成效显著。在大量新建基础设施的基础上，物流格局有了显著变化。国家不断加大基础设施建设资金的投入力度，逐渐形成综合交通运输体系。客运专线的建成运营将进一步释放铁路运输能力，有利于实现客货分离。随着高速公路网的逐步出现，公路运输格局有了新的变化。公路进一步展示了铁路和水运集疏运的功能，多式联运和转运枢纽需要重新规划。

7. 物流的"双向发展"趋势

我国作为世界贸易大国，物流业的发展将对国际贸易及其供应链的发展有着重大影响。多跨国企业密切关注中国物流业的发展趋势，以便及时有效地进行投资。跨国企业在华物流网络结构随着国内企业的并购得到进一步完善。此外，不断减弱的中国人力成本优势、全球范围内的资源流动加强，使得许多的国外企业将投资重点转向其他利润更高的发展中国家。针对越来越激烈的国际竞争，我国不断实施"走出去"发展战略，在此基础上，深化国内物流企业的改革，对企业间进行战略重组，在面向市场的前提下，组建企业合作联盟，只有这样中国物流服务的发展才能国际化。

8. 物流信息集成化与移动化的趋势

公共信息平台日趋完善具体表现在以下方面。

第一，电子商务物流平台。当前，我国电子商务发展规模全球第一，交易额不断增加，其占社会消费品零售总额的比重超过百分之十。

第二，物流园区信息平台。

第三，电子口岸平台。该平台可以为客户提供专业化、系统化、个性化的通关口岸服务。

第四，政府监管物流平台。

9. 逐步实现物流精益化

"精益求精"的简称就是精益，这主要体现了少而精的理念，精益这个词可以很好地对 20 世纪末发达国家出现的"精益思想""精益企业"和"精益生产"进行了描述和概括，精益这个词也可以反映出工业、农业、物流、建筑乃至军事领域的一种趋势。我国在 20 世纪末对这个趋势开始认识并接受，在生产的制造业中推行"精益生产方式"；在农业领域推广"精准农业"；在物流业提倡以配送支持的连锁商业，其中中国邮政把精益物流作为邮政的系统目标；建筑业提出了"精益房地产"等。

精益思想指导着精益物流，精益物流是一种可以实现全方位精益运作的物流活动。现代经济社会与精益物流的发展密切相关，究其原因主要在于，物流企业的像快递业、制造业、电子商务等这样的用户，受客户的要求必须实现精益化，根据精细化的原理，这种拉动效应必然会沿着价值过程传递，一级一级地向上拉动，在物流领域出现拉动作用是事态发展的必然结果。

后工业社会对多批次、小批量、多品种物流的需求日益增加。与此同时，随着工业产品薄、轻、小、短的发展趋势，物流模式必然也会随之发生改变，过去适应大规模生产的大宗物流形式难以延续。诚然，大宗物流可以享受到大批量生产一样的高效率、低成本的优势，但这种物流形式并不能贯穿于物流的全过程，换句话说只有少数可以用这种方法贯穿整个过程。大多数情况下，越接近末端，当渠道变细变密时，就会出现效率急剧下降、成本急剧增加的现象。在这种情况下，适应"多批量、小批次、多品种"的需求的"大物流"形式，一方面在技术和工艺上没有解决办法，另一方面在物流成本上也会增加，而精益物流可以解决以上这些问题。

精益物流只有原则，没有模式。精益生产的基本原则与精益物流的基本原则是共通的。对于精益物流而言，模式有很多种，世界不是永恒不变的，而是一直在变化和发展的，如果仅仅局限于一种模式来解决所有的问题是不可能实现的，将一种模式作为定式，并且使用行政力量进行推广，是一种不科学的做法。在物流领域如何进行创新发展依旧是我们需要探索和深入研究的问题。

（1）精益物流原则

第一，站在顾客的角度，对于什么可以产生价值进行研究，并且借助这个价值对一系列环节进行推动。

第二，以价值为基点对价值流进行分析，以此来对所有物流流程中所必需的步骤和活动进行确定。

第三，通过消灭无效和浪费让价值流实现有效的流动，形成没有对流、中断、迂回的物流活动，没有丢失和损毁、停滞等待的物流活动，由此必然可以为用户创造增值的条件。

第四，创造价值，按用户的需求和要求，由用户进行拉动，做到"恰值其时"。

第五，修正和完善整个活动，不断消除无效、浪费、损失，不断追求尽善尽美。

（2）精益物流系统特点

一是拉动型物流体系。客户需求是精益物流系统中驱动生产的源泉和动力，是价值流的起点。价值流的流动取决于下游客户的拉动，而不是上游客户的推动作用。当客户没有需求指令时，上游任何一个部分都不会提供服务，而当客户需求指令发出时，服务就会被迅速提供。

二是高质量的物流体系。精益物流系统中，信息流动的迅速、准确无误是由电子化的信息流保证的，电子化的信息流还可以有效地减少传递冗余信息，减少操作环节，消除操作延迟，保证物流服务快速、准确、及时、高质量的特点。

三是低成本的物流体系。精益物流系统可以对基础资源进行合理配置、按需定产，对于自身的优势和力量做到充分合理利用；通过电子化的信息流，可以快速反应、及时地进行生产，从而消除操作延误、人员冗余、设施设备的空耗和资源浪费的现象，保证其物流服务的低成本。

四是不断完善物流体系。在精益物流体系中，所有员工都需要对精益思想的精髓进行理解并接受。领导者做出能使系统实现"精益"效益的决策，所有员工需要积极执行这些决策。只有全体员工同心同德，各司其职，各尽其责，才能达到全面物流管理的境界，确保整个系统的持续改进和不断完善。

精益物流的主要原则归根到底是：服务拉动（驱动）的原则，出发点是客户提出的服务需求，以实现此服务为终点。这也是物流系统是否精益的检验标准。

（3）精益物流的服务对象

整个物流市场由精益物流全覆盖是不现实的，因此选择适用的对象显得尤为重要。

① 服务客户的市场细分

并不是所有的客户都需要精益物流服务，是否需要取决于客户的需求和承受能力。对于精益物流而言，不可能对整个物流市场进行覆盖，这就需要通过市场对客户进行选择，因此需要通过市场细分来选择客户。大部分的物流需求仍然是一般性和普遍性的，需要有一个普遍的服务水平来适应。尽管这些领域的精益思想仍然指导着服务的改进，但并不是所有的物流系统都需要精益建设。

精益物流系统的建设需要很大规模的工程建设，需要付出很多的成本。如丰田汽车公司一样，其独特之处在于能够在保持和降低成本的前提下，创造出震惊世界的精益企业，并且同时实现了适合于整车批量生产的成本竞争优势和价值竞争优势。一般情况下，精益建设需要相当大的资金投入。因此，应根据服务对象对价值的判断来确定是否选择精益物流。

② 物流对象物的市场细分

重要商品和高附加值商品是精益物流的对象。这类产品的费用承受能力比较高，所以所采用的成本比较高的精益物流系统需要在可承受范围之内。当然，只有达到相对较高的服务水平，这种高投入才是有价值的。具体的物流对象有以下几类。

一是制造业的产品。如电工产品、家电、器械、仪器仪表、工具、汽车及配件等。

二是高科技的产品。如通信信息类的产品和配件、电脑及电脑组配件等。

三是精细化工产品。如医药用品、化妆品、保健品等。

四是高附加值的产品。如西服、礼服、时装等服装百货产品。

五是安全和保质要求高的产品。如燃料、炸药、油漆、油料、食品、肉类、海产品等。

六是无价及保价货物。如公函、信件、快递包裹等。

七是贵重物品。如首饰、珠宝、古玩、工艺品、字画等。

第二节　跨境电商与物流

一、跨境电商物流概述

（一）跨境电商物流的概念

随着经济和信息技术的发展，跨境电商已然成为我国对外贸易的主力军，扩大了我国企业的销售渠道。跨境电商日益增长的交易规模给跨境物流带来了巨大的潜在市场。

跨境电商物流是指基于跨境电商平台的两个或两个以上国家之间的物流服务。由于跨境电商的交易方属于不同的国家，因此需要通过跨境电商物流将货物从供应国转移出来，然后在需求国实现最终的物流配送服务。

跨境电商物流根据跨境商品的位置移动轨迹可以分为三段：发出国国内段物流、国际段物流及目的国国内段物流。跨境电商商品种类繁多，使用小批量、多频次的运输方式，体积重量差别很大，不同品类所需运输和仓储解决方案各异，因此跨境电商物流要实现一站式、门到门的服务，各段物流间的有效衔接显得尤为重要。

（二）跨境电商物流的特点

跨境电商物流除了与国内物流有共性特点以外，由于其属于跨境业务，跨境电商物流还有国际性的特点，其涉及的范围更广泛，包含更多环节。跨境电商物流在不同国家或地区的运营环境是不同的。因此，跨境电商物流在运输、仓储、配送过程中需要面对不同的经济、政治、文化环境，这给跨境电商的物流运作增加了难度和完成的复杂度。当前，大部分企业都不能依靠自己的能力独立处理和完成这部分业务。

（三）跨境电商物流企业的类型

跨境电商物流的蓬勃发展离不开跨境物流企业所扮演的重要角色。跨境物流企业具体包含以下几种。

（1）跨境物流企业在交通运输业、邮政业中发展起来，如联邦快递（FedEx）联合包裹（UPS）等。

（2）跨境物流企业在传统零售业中发展起来，如法国的 Cdiscount、美国的沃尔玛等。

（3）跨境物流企业是由大型制造企业或零售企业组建，如苏宁物流、海尔物流等。

（4）电商企业自己建立的物流体系，如兰亭集势的兰亭智通、京东物流等。

（5）传统快递企业发展跨境物流业务，如申通、顺丰等。

（6）新兴的跨境物流企业，如出口易、递四方等。

（四）跨境电商物流与传统物流的差异

跨境电商物流对物流的要求区别于传统物流，差异性主要体现在以下几个方面。

1. 运营模式的不同

传统商业"少品种、大批量、少批次、长周期"的运营模式决定了传统物流的固化性和单一性。而跨境电商"多品种、小批量、多批次、短周期"的运营模式对物流的响应速度和多元化提出了更高的要求。跨境电商网上交易后，物流信息会进行更新，这主要体现出了库存商品快速被分拣和配送的原则，同时还展现了跨境电商物流快速响应的优势和特点。多元化物流渠道与跨境电商的需求相符合。

2. 物流功能的附加价值不同

传统物流除了运输功能外，附加的价值体现得并不明显。跨境电商物流的附加值不仅体现在实现物品的跨境转移。而且还体现在终端客户对高效物流的体验以及物流成本低带来的产品价格竞争优势。

3. 物流服务的层次不同

传统物流主要强调"门到门""点到点"的服务，而跨境电商物流强调物流的资源整合和全球化服务。

4. 对信息化和智能化的要求不同

传统物流的作业流程相对固定，对信息技术的重视程度和智能化程度低于跨境电商物流。跨境电商的物流、信息流、资金流以主动的方式推送给客户，并且客户可实时监控，因此三者的统一是跨境电商物流的本质要求。

跨境电商物流更关注以信息技术为核心对物流的全过程进行优化。各大物流服务提供商也致力于开发领先的信息系统，以提供更全面、简单的物流信息操作模式，实现跨境电商的智能化。

（五）我国跨境电商物流的发展现状

物流业的发展是跨境电商的发展的重要支柱。在一定程度上，跨境电商物流的发展决定了跨境电商的发展进程与深度。跨境电商物流因为涉及的内容繁多，并且有着复杂的物流办理手续，因此，在我国，跨境电商物流成为我国电商行业的弱点。我国跨境电商物流随着跨境电商物流水平的不断提高总体上取得了较大发展。然而，跨境电商物流业产值增长速度远低于目前我国跨境电商产值的增长速度，总体上比较缓慢，这表明我国跨境电商物流的发展仍然滞后。

1. 物流基础设施不完善

我国物流业起步较晚。国内传统物流业的基础设施相对完善，但跨境电商物流体系相较来说有待完善。跨境电商涉及事务繁杂，需要进行报关、税务核销等，并且存在物流运输方式复杂、物流运输周期长、物流过程中易丢失等突出问题。因此，急需建立完善的物流体系，引进先进的物流设施，只有这样才能为我国带来低成本、速度快的电子商务物流。

2. 跨境电商物流速度与跨境电商需求吻合度较低

中国跨境电商虽然出现时间比较晚，但发展的速度非常快，特别是 2011 年以来，跨境电商交易额增长迅猛。2015 年，跨境电商交易额为 5.2 万亿元。跨境电商交易额在 2016 年达到 6.5 万亿元。到 2020 年，交易额达到 12.5 万亿元。由此可见，跨境电商物流发展速度和规模都达到较高水平。从事传统国内物流服务的企业数量比较多，相对而言，从事跨境电商物流服务企业相对较少，并且大多是由国际快递公司完成物流的配送服务。然而，国际物流市场是庞大的，几家国际快递公司是远远不能满足国际市场的需求的，而且，在购物旺季，快递经常出现积压、爆仓甚至丢失的情况，这些都阻碍了跨境电商的发展。

3. 物流专业化水平不高

目前中国市场上存在的物流企业大多为第三方物流企业，主要服务于国内的电子商务。然而，从事国际物流服务的专业化的、大型的企业却很少。跨境电商与国内电商的不同体现在交易模式上，对于跨境电商而言，交易方式是跨境交易，因此其运输方式、交易流程相较于国内的电子商务都更加复杂和困难。对于跨境电商来说，其流程还需要涉及以下程序：国际快递运输、报检、报税、报关等。因此，需要物流企业提供专业化、高水平的服务，一方面可以提高入流的运作效率，另一方面也可以提高客户的满意度，为客户提供舒适的购物体验。

4. 政府政策支持不足

为了促进跨境电商的发展，国家出台了一些支持跨境电商的政策，高度重视跨境电商的发展。2013年出台的《关于实施支持跨境电商零售出口有关政策的意见》，该意见的出台为零售企业的发展提供了更加便利的条件。尽管如此，相关企业扶持政策尚未出台，这就对跨境电商企业和物流企业的快速发展造成了阻碍。

5. 跨境电商物流交货不稳定

跨境电商物流的主要渠道——邮政小包或仓储集货的交货期通常为二三十天，如过程不顺利，甚至要超过半年才能将货物投妥，与当地一到三天的交货期相比毫无优势可言。国际E邮宝渠道到达欧美主要地区需十天到半个月左右，到达俄罗斯等地至少需四十五天，而交货期短的商品多为经由保税仓、需求量大的日用消费品。此外，跨境电商物流旺季时凸显物流产能严重不足，严重爆仓、物流系统瘫痪，交货期无限后延。长达数天、数周甚至数月的交货期等待，对海外消费者的耐心是一种极大的考验，大大降低了消费者的购物体验。同时，漫长的交货期也增加了物流出问题的概率，削弱了跨境电商产品海外市场竞争优势，阻碍了跨境电商的发展。

6.跨境电商物流渠道长、环节多

跨境电商物流属于国际物流，进出口报关、商检是必经环节。很多跨境物流代理公司承接货物后不是自己去运作，而是层层外包，因此中间商非常多，通常情况下会经转几手后才到达海关或消费者手中，物流渠道非常长，让环节本来就多的国际物流环节更多。货物经转人手太多，导致转运时效降低和物流风险增加。

7.物流追踪困难，形成跨境电商物流"过程黑箱"

跟踪难是跨境电商物流中众所周知的痛点。跨境电商物流，很难跟踪海外细分领域，特别是在一些经济落后地区或者非主流语言国家很难查到物流信息。例如，在物流发展非常落后的国家比如俄罗斯，即使有货运单也不一定能找到货物的物流信息。很多货物信息在物流过程中无法在物流渠道中更新，形成了一个物流"过程暗箱"。因为信息具有不透明性，因此销售者和消费者对于这段时间物流的具体进展情况都没有办法进行掌握。

8.清关难是跨境电商物流的硬伤

跨境电商物流最重要的作业环节就是清关。跨境电商货物需要通过两道关卡：出口国海关和目的国海关，正式清关时间长并且需要缴纳进出口税。不同国家的海关政策是不同的，一些国家的海关申报手续烦琐、耗时长、费用高。进口国海关扣留货物查验的情况经常发生，处理结果通常是退回货物、直接没收或补充报关资料。

没收或退货的结果非大型跨境电商企业往往难以承受，补充报关材料将延误货物交货期，消费者可能取消订单或拒绝付款。出现清关问题的主要原因有：一是不符合进出口国监管制度相关规定；二是进口国的贸易壁垒，一些国家对每件货都要求开箱查验，甚至报关文件齐全也被视作造假；三是有些国家信息技术落后，没有海关信息系统，清关靠人力，效率严重低下。

9.跨境物流货物破损、丢件率高，退换货及消费者维权难度大

在跨境物流中，跨境电商退换货是一个难题，由于各种原因，商品破损率高，导致商品退换货的需求大量产生。多种物流渠道无退换货服务，比如邮政小包；转运模式下没有原路退货的通道，转运公司是收货人，退货的时候需要转运公司进行合作，但是有转运公司不配合的现象；退换货对于买卖双方来说，相当于买

家出口、卖家再进口，这就需要再次报关，并且还需要办理出口退税、缴纳进口增值税、关税、消费税，当然海关还需要对货物进行查验，这就导致整个过程非常的漫长且烦琐。直邮模式下，退货的买家要支付高额手续费；即使是公认的方便退货的海外仓模式，由于"跨境"性质，退货需要办理出口和退税手续，也烦琐费时。无论以何种方式退货，退货成本都比正常的物流成本要高，因为退货无正常发货的数量折扣。小规模跨境电商企业抗风险能力较差。货品的丢失、损失一方面会增加其经营风险，另一方面会影响企业经营的稳定性，阻碍企业的可持续发展。当然，还会使买家的购物体验下降和买家对企业的信任度下降。中国对跨境物流市场的监管并不完善。商品损坏发生后，只能按物流公司的规定进行赔偿，消费者可能没有办法保护自己的合法权利。

10. 跨境物流企业服务水平参差不齐

当前，大型电商平台和第三方物流企业的服务和运作相对专业化、规范化，但中小物流企业在服务方面还存在不少问题。一是部分物流企业缺乏服务意识和诚信意识。如，有些企业承诺使用昂贵但便捷的空运，实际上却使用成本低但耗时耗力的海运，但是收费却是收取空运费，给买家提供的是海运效率的服务；有的企业节假日不提供服务，客服或投诉电话形同虚设，买家对物流过程无法实时控制；甚至有企业员工转移货物，拒付货物损坏赔偿金等情况。二是作业不规范。跨境物流中很多货损、丢件问题是由于物流作业人员素质参差不齐、培训监管不到位等原因导致的暴力作业、服务不规范造成的。第三，从服务内容上说，跨境物流增值服务仍不能满足客户需求，跨境物流需要更多的物流增值服务，如代收货款、代购保险、代理报关报检、理赔等。

11. 跨境电商从业者对跨境物流认知不足

我国跨境电商从业者有两部分：一部分是由传统 B2B 外贸企业转型而来的，这个群体对跨境物流有一定了解；另一部分跨境电商从业者是国内"80后""90后"的电商卖家，他们也是跨境电商从业者的主要组成部分，该群体认为跨境物流应该符合我国电商物流的标准认知和要求，误认为跨境电商物流能同国内电商物流一样提供"一站式"的高水平物流服务，但跨境电商物流远比我国境内物流服务复杂且难度大，物流服务内容、服务水平、服务质量等都无法与国内物流相提并论。由于跨境电商从业者对跨境物流现实认知错位，低级错误时有发生，如填错商品报关代码，造成物流进程受阻，严重拉低跨境物流服务的质量，给跨境卖家带来多种困扰和损失。

12. 物流成本高

跨境物流成本约占销售成本的30%。跨境电商物流成本居高不下，严重制约了行业发展。以联邦快递为例，500克货物从中国运到美国时，快递费为307元人民币，除此之外还需缴纳关税、燃油附加费、附加费。部分企业还需要额外收取快件处理费。若将退换货的逆向物流部分也计算在内，跨境电商物流成本将是正常的物流成本的三倍以上，甚至出现一个订单的利润还不足以支付快递费用的情况。跨境电商贸易产品需要在同一平台上与海外本土产品竞争。如果卖方将物流成本分摊到商品价格上，商品价格就会更高，那么在激烈的海外市场竞争中，卖方商品将失去价格的竞争优势，从而影响销量，进而影响利润和市场份额。

（六）对我国跨境电商物流发展现状的思考

1. 加强物流的信息化建设

跨境物流企业信息化建设的加强，需要对物流运输中的信息不对称问题进行妥善解决。

一是建立以物流大数据为核心的安全的、高效的信息系统，并且打造适应性强的新型物流服务商。

二是建立跨境电商物流产业链，要求是互联互通、对外开放标准接口的完整的产业链。

三是跨境电商物流体系建设必须具有前瞻性、长久性。先由市场人员根据市场竞争力提出需求，然后由经验丰富的技术单位进行建设，融合信息化的特点，对整个跨境电商物流体系进行整合与优化。

2. 加强物流基础设施建设，合理规划物流网络，高效构建物流运输体系

对于不同运输方式的分工进行协调，科学规划机场、港口、陆路、铁路运输等基础设施。不断提高货物的运输效率，促进物流运输朝着更加合理的方向发展。对各转运港口枢纽的基础设施建设要不断加强，提高枢纽中心的物流配送能力和水平，尽可能实现国内外物流的无缝衔接。除此之外，政府可以鼓励跨境电商企

业自己的海外仓、现代物流网络通信中心、海外配送中心等基础设施的建设。

3. 扩宽物流企业的融资渠道

中小型跨境电商物流企业很难从商业银行、国有银行等传统的金融机构获得资金。因此，可以对跨境物流企业的融资渠道进行拓宽：

一是金融模式投资。跨境物流企业可以尝试投资多种金融方式，如仓库单据、收款、保理单据的质押等。

二是风险投资。天使投资是跨境电商物流企业的主要风险投资，跨境电商企业可以从风险投资中获得更多的融资机会。

三是其他渠道。其他渠道可以通过物流企业内部股份众筹、同业拆借、民间借贷等方式进行融资。

4. 加强跨境电商物流企业人才的培养

跨境电商领域中专业的物流人才，应当具备外语听、说、读、写、沟通的能力，拥有进出口外贸的素质，同时，有相应的电商物流方面的能力。政府、企业、学校之间要加强合作，加强校企合作，通过多种渠道整合商务英语、国际贸易、跨境物流等学科的建设。突出培养复合型、全能型人才，只有这样才能不断适应跨境电商行业的发展。企业、行业协会可以与学校高素质的教师合作，开发符合时代发展要求、与时俱进的培训教材，并且对优秀的跨境电商师资进行引进，并与专业培训机构和行业专家进行合作，提高跨境电商物流人才培养质量和水平，在根本上提升跨境电商的物流服务水平。

5. 加强对跨境物流的政策支持

行业的健康有序发展，离不开相应的政策、法律法规规范各方的权利与义务，出台相应的法律法规保护消费者和相关参与企业的合法权益，跨境电商物流也是如此。

首先，政府针对支持跨境电商物流的发展制定具体的政策，以此保护跨境物流市场的有序健康发展。并且对跨境物流企业创新发展给予鼓励和支持。

其次，检验检疫部门、海关、税务部门也要制定相应的支持策略，支持跨境物流企业的发展，比如，努力简化报关报检的手续，缩短通关时间。税务部门可以对跨境物流企业给予一定的税收优惠，也可以给予一定退税补贴，这样可以吸引更多优质的跨国物流企业加入这个行业，促进跨境物流的发展。

二、跨境电商物流模式

跨境电商物流在跨境电商交易中对整个跨境电商行业的发展起到关键性的制约作用，配送速度和配送质量直接影响到海外买家的购物体验。而随着近几年跨境电商的迅速崛起，跨境电商物流也迎来了发展的黄金时期。跨境电商物流模式逐步向正规化、合法化、多样化发展，从原先单一的传统物流模式演变成传统物流、海外仓、边境仓、国际物流专线等多元模式并存的新模式。

（一）邮政小包

邮政小包指商品通过邮政体系（中国邮政、新加坡邮政、比利时邮政等）采用个人邮包的形式实现运输。得益于 KPG（卡哈拉邮政组织）及万国邮政联盟，世界各地几乎都有邮政网络，邮政体系成为使用范围最广的、渠道最丰富的运输体系，据不完全统计，我国目前超过 60% 的跨境电商商品是通过邮政体系进行运输的。

在经营过程中，邮政拥有大量的国家补贴。所以，邮政通关能力较强，而且向消费者提供的国际货运服务费用相对较低。与此同时，由于世界上所有的城镇邮政业务几乎都覆盖了，加之国际上建立了专门的邮政组织，这就促成了国际邮政小包在大部分情况下不受地域的局限。值得注意的是邮政运营平台非常多，这也使得跨境交易更加便捷，因此，很多电商企业一般都会选择邮政小包模式的跨境物流。但是，这种模式也存在一定的不足，主要表现为：运输货物的速度较慢，不适宜运输急需货品。比如，邮政小包的运输时间比较长，大部分超过了 30 天，时常出现包裹的物流信息不能查询的状况，这严重影响了电商的时效性。此外，邮政单个小包的重量与体积有较为严格的限制，而且当货品运输量较大时容易造成货物的积压，损坏商品的质量，丢包率也相对较高。

（二）国际快递

国际快递是在跨境电商中使用率仅次于邮政小包的另一种物流模式，其主要由 DHL（敦豪国际航空快件有限公司）、TNT（TNT 快递公司）、UPS（美国联合包裹运送服务公司）和 FedEx（联邦快递）这四家大规模的快递公司经营。这些快递公司已经在全球形成了较为完善和成熟的物流体系，物流范围几乎覆盖全球的各个重点区域。除此之外，我国的如顺丰、申通等本土快递公司也在逐步探索和开展跨境物流业务，实质上，这促进了跨境物流的发展。国际快递有很高的要求：信息的提供、收集和管理比较严格，主要是以国际化信息系统以及全球自建网络为支撑。国际快递的优势在于：货物运输的高时效性，并且消费者可以及时查询到实时的物流信息，商品在运输过程中的丢包率较低。比如，用联邦快递寄一件 500 克的产品到美国只需 5 天左右，运输速度是邮包的 6～7 倍。然而，国际快递成本较高，因为其在各国的计费依据、计费标准、服务时限、售后服务方面标准不一样，操作模式也不相同，所以，这些因素都在一定程度上提高了国际快递业务的成本，比如，一件 500 克的物品寄往美国需要人民币 121 元。此外，对于运送物品的类型，国际快递有限制，如含电类、特殊类商品无法快递。因此，国际快递的业务范围受到了较大限制。综上所述，国际快递主要适合对时效要求较高、货值高、利润大的产品。

1.DHL（敦豪国际航空快件有限公司）

DHL 是全球著名的邮递和物流集团 Deutsche Post DHL 旗下的公司，公司的名称 DHL 由三位创始人（Adrian Dalsey、Larry Hillblom 和 Robert Lynn）姓氏的首字母组成。DHL 主要包括以下几个业务部门：DHL Express、DHL Global Forwarding、Freight 和 DHL Supply Chain。DHL 国际快递速度快，安全可靠，在美国和西欧有特别强的清关能力。DHL 在物流解决方案及国际邮递等领域提供了专业化服务。目前，DHL 在全世界拥有 350 000 名员工。

1986 年 12 月 1 日，DHL 与中国对外贸易运输（集团）总公司（简称中国外运）各注资 50% 在北京正式成立中外运 - 敦豪国际航空快件有限公司，是中国成立最早、经验最丰富的国际航空快递公司。合资公司将二者的优势成功地结合在了一起，既有敦豪作为国际快递行业领导者的丰富经验又有中国外运在中国外贸运输市场的经营优势，其主要服务内容是为中国各主要城市提供航空快递服务。

中国经济的蓬勃发展也使得敦豪创下令人满意的业绩，公司经营业绩在 1986 年到 2000 年的年平均增长率为 40%。中外运 - 敦豪已在中国建立了最大的合资快递服务网络，有超过 7100 名高素质的员工，拥有 82 家分公司，服务范围遍及全国 401 个主要城市，稳居中国航空快递业的领导者地位。

2.UPS（美国联合包裹运送服务公司）

1907 年 8 月 28 日 UPS（United Parcel Service）在美国华盛顿州西雅图成立，经过多年的发展，UPS 已成为一家全球性的、年营业额达到数百亿美元的大公司，其目标是支持全球商业发展。其总部位于美国佐治亚州的亚特兰大，服务于全球 220 多个国家和地区。2016 年营业收入超过 610 亿美元，员工人数超过 434 000。

自 1993 年起，UPS 推出了供应链管理服务，以全球物流（World Wide Logistics，WWL）的名义开展，1995 年正式成立 UPS 物流集团，对全公司的物流服务进行统领。在不断发展中，UPS 发展最快的部门就是物流。UPS 物流集团建立了 450 多个分拨中心，分布在全球 50 多个国家和地区，为客户提供全面零配件和产品供应链管理服务，包括维修、退货等售后服务，通过降低客户在流通领域的成本来提升服务质量和水平。

UPS 物流集团作为物流链管理的专家，不断将自身的运输优势发挥到极致，对运输过程中出现的延误情况最大限度地避免或者减少，由此在机场附近建立物流管理中心，为高科技公司提供配送、库存甚至售后服务，达成与高科技公司的联盟，这就是所谓的"跑道边效应"（End of Runway Effects）。例如，肯塔基州的路易斯维尔机场是 UPS 最大的航空枢纽。每晚有 90 架飞机聚集在这里，每两分钟就有一架飞机起飞或降落。惠普公司每天都把损坏的电脑空运到机场，之后 UPS 物流中心就会接收这些设备，由 60 名技术人员维修，维修后送到机场当天运输，单单这一个部门每天需要维修 800 台电脑。

UPS 物流集团是全球最大的快递承运商和包裹递送公司，同时也是专业物流、运输、电子商务服务、资本领域的领导者。2020 年 6 月 7 日，《财富》美国 500 强企业排行榜发布，UPS 快递排名第 46 位。

3.FedEx（全称 FedEx Express，联邦快递）

自 1973 年成立和运营以来，FedEx 一直将自身定位于航空快递运输市场，业务内容主要专注于物流、运输和信息等。FedEx 公司包括五个相互独立的子公司：联邦快递、联邦陆上运输、联邦货运、联邦加急运输、联邦贸易网络。FedEx 公司不仅是世界上最大的快递运输公司，同时也是世界上最专注于快递市场的公司，主要的服务内容是世界各地的包裹、文件、货物的国际快递。当前，FedEx 公司为全球 235 个国家与地区提供可靠的、快捷的快递服务。FedEx 公司凭借遍布世界各地的环球空运和陆运网络，保证用户在一到两个工作日内迅速交付时间紧迫的货件，并确保及时交付。

FedEx 公司除了提供"门到门"服务，还可以提供延伸到生产企业的生产线或满足企业客户需求的服务。例如，联邦快递的"惠普（HP）维修物流服务"，就是将自己的货物转运中心与惠普电脑维修中心进行有机地结合，提供"从电脑用户办公桌拆卸电脑、包装、运输，到维修、交还、组装"的全链条服务。FedEx 公司采用的是一体化的发展战略，不断对公司的服务方式进行优化升级。通过对供应链的前端或后端企业的并购、对运输公司为主的许多公司进行收购，不断对公司的物流体系加强，出现了旗下多家独立运营的附属公司提供综合供应链管理服务的模式。如，通过对一些国家的国内卡车运输公司进行收购，或设立金考连锁店，以此扩大快递网点的布局，实现短途快件或货物独立卡车运输，实现快递印刷、投递、陆运、空运一体化。为顾客提供快捷的运输服务，在缩短运输时间的同时为客户提供周到的、满意的、快捷的服务，促进了运输效益的最大化。

成立以来，FedEx 公司始终坚持公司成立之初的市场定位——使命必达、速度快的发展战略，不断对公司航空快递服务进行优化和升级，同时深度调整快递服务，通过推进自有航空快递业务，打造和延伸自有航空快运服务链。为了将自身的航空快递运输服务做到精而专，不断对技术进行创新，不断应用新的技术，不断完善发展策略。与此同时，对公司的航空快递运输物流流程进行适时的优化和调整，简化公司的物流流程，在集团化经营的基础上，为客户提供优势的完整的物流服务——"打印—包装—运输—递送"一体化。最终确保快递的准确、高效送达，通过不断改变服务方式，与时俱进，创造出了领先于竞争对手的市场优势。

4.TNT（TNT 快递公司）

1946 年澳大利亚人托马斯（Thomas）在悉尼创立 TNT 公司，并于 1988 年进入中国市场。在 1997 年，荷兰邮政（TGP）收购 TNT，总部迁到阿姆斯特丹（荷兰首都）。荷兰邮政将 TNT 视为一个耀眼的品牌，将集团业务进行划分，主要分为三部分：一是邮政服务，二是国际快递，三是现代物流。TNT 有着自身独特的经营理念，即为客户创造价值，提供全方位的、全程的解决方案。当下，TNT 已成为世界 500 强企业和全球最大的汽车物流供应商。TNT 的主要收入来源于欧洲业务，此外，TNT 还开发和拓展了土耳其、中东、独联体国家、巴尔干地区的物流业务。TNT 公司的具体经营战略如下。

（1）直复营销服务

直复营销是一种现代化的营销模式。商户对潜在客户名单进行收集、整理、筛选，然后确定符合条件的客户群体，将产品、目录、广告等通过快递的方式送达给客户。消费者数据库是 TNT 直复营销的核心内容。供应商可以通过直复营销服务直接、有效地锁定目标客户，可以促进商家赢得和扩大商机。

（2）增值服务

增值服务是指超出客户期望的一种个性化服务，而个性化服务的重点在于"设定与创造"。

首先，提高反应速度，为客户提供更多的便利。客户登录 TNT 集团网站 www.tnt.com 办理的业务将在 24 小时之内进行受理。并且，网站为顾客提供充足的在线操作提示，对所有可以省略的程序、手续进行简化，兑现承诺的服务，并全程服务。

其次，服务的扩展和延伸。TNT 提供零部件仓储、及时的送货服务、特殊操作服务、工具配送服务、大件货物运输等全方位货运服务。

（3）差别化战略

TNT 提供了一个更精细、反应更迅速的供应链来解决整合直达快递：多个订单被合并到同一个配送单元，在通关后发送到目的地国家；清关后，每件货件被分离，通过 TNT 现有的配送网络直接发送给不同的客户。

（4）国际化战略

自 1990 年以来，荷兰邮政进行了 30 多次全球战略收购：1997 年收购澳大利亚 TNT 公司；在 1998 年对法国 Jet 服务公司进行收购；在 1999 年对意大利的 Tecnolo Gistica 物流公司进行收购；在 2000 年对法国的 Barlatier 物流公司进行收购。除了并购，荷兰邮政还采取了战略联盟的方式来不断扩大业务的规模和范围。最近几年，荷兰邮政先后与葡萄牙、瑞士、英国、爱尔兰和新加坡等国家的邮政机构达成战略联盟，由此推进国际化的发展战略。

（三）国际物流专线

国际物流专线是针对特定国家或地区推出的跨境物流专线，因此，物流的线路、起点、终点、时间和周期、运输手段等基本固定。这类物流模式往往采用的运输模式是包装运输，即大量货物集中、统一，在同一时间将货物运往海外，然后在目的地国家（地区）进行物流配送服务。对于那些短时期内配送量大、配送目的地集中的跨境电商企业来说，这种专线物流是比较适合的物流运输方式。目前国际物流专线主要包括航空专线、海上专线、大陆桥专线、铁路专线和多式联运专线，如顺丰深圳—台北航空专线、敦煌网的 e-ulink 专线物流服务、渝新欧专线、中欧班列、中东 Aramex 专线等。

国际物流专线操作灵活，时效性强于邮政小包，一般 3 至 7 个工作日货物就可到港。物流专线服务稳定，通关能力强，买家可全程跟踪物流信息，适合运送高价值、有一定时效要求的物品，且大部分地区不收偏远地区附加费。对于特定区域的跨境电商来说，国际物流专线是一种高效的跨境物流方案，然而，物流专线具有地域性、局限性，在以下方面具有很高的要求：货物收运范围、投递区域的大小等。因此，物流专线只能作为跨境物流的周转和连接环节或者是用于特定的跨境物流需求。与此同时，国际物流专线运输的货物，在送到境外后，通常需要与境外邮政或快递公司进行合作，以此实现物流配送，因而，在时效性上不如国际快递模式高效便捷。

（四）海外仓

海外仓储又称海外仓，成为近几年来发展最快的一种跨境物流模式。它的一般运作方式是：在进口国预先建造或租赁仓库，提前将货物送到仓库进行存储，通过跨境电商对产品进行销售，最后通过进口国的物流从仓库直接发货送到消费者手中。

海外仓是跨境电商物流发展的重要突破口，也是近两年很多企业普遍采用的跨境物流模式。海外仓的建设有利于解决跨境电商运营中的诸多问题，其主要作用如下。

1. 降低物流成本

卖家可以将一些标准化要求不高且笨重的货物通过海运批量运送到海外仓，例如水龙头、钳子等五金建材。卖家在线上下单后，直接从海外仓发货，物流成本就大大降低了。

2. 缩短时间，提升效率

买家下单后，直接从海外仓发货，省去了包裹从国内到国外的路程时间及过海关的环节，使效率得到提升。

3. 高效管理货物，快捷处理订单

货物存放在海外仓之后，直接由海外仓协助管理，接到订单后也直接由海外仓打包、出货，对于卖家而言，更加便捷。

4. 提高客户忠诚度

对于跨境电商来说，买家和卖家之间的距离较远及海关通关流程的设置，使得售后服务（如换货、退货等）难以快速开展。而与海外仓合作后，这些问题都迎刃而解。客户有售后需求时，直接由海外仓出面解决，效率大大提升，客户的满意度、忠诚度自然可以提高。

5. 有利于开拓市场

海外仓相对于其他的物流方式更能得到国外买家的认可。因此，如果销售商注重口碑的营销，对于销售商而言可以积累更多的资源来拓展市场，增加市场份额，有利于扩大产品销售领域和范围。

亚马逊是第一家实行海外仓储的公司，首先向海外卖家开放其仓储服务。截至 2017 年，亚马逊在全球建立了 140 多个仓储和运营中心。与此同时，一向将跨境电商视为业务核心的易趣，也开始着重布局海外仓。易趣与外贸电商服务商 Winit 合作，为平台卖家推出 Winit 美国海外仓，鼓励卖家对美国市场进行拓展。随后，对方继续合作推出英国海外仓，使得卖家不仅降低了物流成本，而且拓展了英国市场。

大型国际电子商务海外仓的快速发展也带动了国内企业的发展。2014 年 5 月，中海集团与阿里巴巴携手，涉足跨境物流和海外仓建设。中海集团拥有全球运输网络，并且拥有码头仓储资源；阿里巴巴有着平台优势，二者在跨境电商物流领域的合作，优势互补，在跨境电商领域占据非常有利的地位。2016年4月19日，中国邮政海外仓（下属中国邮政快递物流）宣布正式推出英国海外仓，早在英国海外仓建立之前，中国邮政海外仓已经在美国设立中邮美国仓，中国邮政快递物流为跨境电商卖家设立了灵活的、经济的一站式跨境出口解决方案就是中国邮政海外仓的建立。除此之外，中国跨境进口零售电商洋码头在海外建立了十大国际物流仓储中心，分别是洛杉矶、纽约、旧金山、芝加哥、法兰克福、伦敦、巴黎、悉尼、墨尔本、东京，已经完成了全球布局。

海外仓储模式相比较于传统物流模式可以有效解决物流成本、物流时间、商品本地化、报关、退换货等诸多之前棘手的问题。但是，海外仓本质上是一种资本密集型和技术密集型的行业，只有不断地投入资金和时间才能不断改善，例如海外仓建设，租赁和运营的高成本。各种费用使利润率低的卖方无法承受。而且，海外仓对货物的存货周转率要求非常高，因此资金实力较弱的跨境电商企业和库存周转率不高的商品并不适合使用此模式。

（五）边境仓

边境仓与海外仓很相似，但有区别，主要在于仓库的位置不同：海外仓位于进口国，边境仓位于进口国的邻国。边境仓库特指在跨境电商目的地国的邻国边境租赁或建仓，通过物流提前将货物运送到仓库，在通过互联网接收客户订单之后开始从仓库交付货物，进行发货。

根据仓库的位置，边境仓可分为绝对边境仓和相对边境仓两种。绝对边境仓是指当跨境电商交易双方的国家相邻时，仓库位于卖方所在国和买方所在国附近的城市。例如，对于中俄之间的跨境电子商务交易，仓库设在哈尔滨或中俄边境的中国城市。相对边境仓是指跨境电子商务的贸易方不相邻时。仓库应位于买方所在的邻国的边境城市。例如，中巴的跨境电子商务交易，中国在与巴西相邻的巴拉圭、阿根廷、秘鲁等巴西边境附近的城市设立仓库。海外仓有运营成本，而且存在货物积压的风险，对于已经送达的货物很难将交付的货物退回中国。以上这些因素促进了边境仓的出现和发展。边境仓也可以有效利用区域贸易政策，对跨境电商目的地国的法律、政治、税务风险进行有效规避。比如，巴西有着非常严格的税收政策，导致海外仓的成本非常高，那么可以设立边境仓，充分利用南美自由贸易协定，促进中巴之间跨境电商贸易的发展。

（六）保税仓

保税仓是经由海关批准设立的专门存放保税货物的仓库。具体是指预先将商品送至保税仓库，通过跨境电商实现商品的销售，商品从保税区直接发出。一般来说，如果消费者在下单之后的三天之内收到货物，那么对于跨境电商物流模式而言，是数一数二的物流速度。

1. 保税仓的种类

（1）公用型保税仓库。由中国境内独立企业法人（主营仓储业务）经营，并且向社会专门提供保税仓储服务。

（2）自用型保税仓库。由跨境电商自建，仅供本企业自用。聚美优品所使用的保税仓为自用型保税仓。

公用型保税仓库和自用型保税仓库的主要区别如表 2-2-1 所示。

表 2-2-1　公用型保税仓库和自用型保税仓库的主要区别

类别	公用型保税仓库	自用型保税仓库
所存货物的供给对象	面向全社会提供公共保税仓储物流服务	存储的货物仅供本企业自用
功能	可以对所存货物开展包装、打膜、印刷麦码、分拆、分级、分类、拼装等简单的加工和增值服务	为特定加工贸易企业供应生产自用的生产性物料、零配件等，不能开展简单加工服务
面积标准	最小面积为 2000 平方米	对面积不设最低门槛
经营主体经营范围要求	必须具有工商行政管理部门核准的仓储经营权	无须具有仓储经营权
经营主体性质	对经营主体的性质不做特别要求，可以是外贸企业、物流企业或生产型企业等	经营主体只能是加工贸易企业

（3）专用型保税仓库。保税仓库中专门用来存储具有特定用途或特殊种类

商品的仓库，包括寄售维修保税仓库、备料保税仓库、液体危险品保税仓库、其他专用型保税仓库。

2. 保税仓的特征

仓储前置是保税仓库最突出的特点，用位移来代替时间，为了降低干线运输成本，选择更经济的运输方式。最重要的是，这种物流模式可以对保税区的各项政策、优惠措施、综合优势进行有效的利用，特别是在物流、商检、通关、退税、收付汇等方面的便利，有利于简化跨境电商的业务操作，通过这种新的"保税备货模式"，达到促进跨境电商交易的目的。对于消费者而言，只需要承担商品价格和国内物流的费用，对于销售者来说，承担其他风险。只有保证消费者的购物风险降低，才能促进企业收集大量商品的订单，降低商品价格，在客户满意度提升的情况下，对传统模式下的各种不利因素进行有效避免。

当然，保税仓也具备相应的不足，例如，商品的品类单一。多品种的商品容易造成库存积压，且国内的保税仓受政策影响较大，政策影响严重的，可能会导致跨境进口电商平台倒闭。

3. 可以存入保税仓库的货物范围

（1）加工贸易的进口货物。

（2）转口的货物。

（3）供应国际航行船舶和航空器的物料、油料以及维修所需的零部件。

（4）进口寄售的零配件，供维修外国产品所用。

（5）外商暂时寄存的货物。

（6）没有办结海关手续的一般的贸易货物。

（七）集货物流

跨境电商快速发展的产物之一就是集货物流。集货物流是指将货物运输到某地或者某地的仓储中心，当货物达到一定数量或者形成一定规模之后，再与国际物流公司合作将货物运送给海外的买家；也可以这样认为，先从各地收集货物，再分批配送；或者这样来看，与一些销售与此类商品相似产品的跨境电商企业建立战略联盟，共同建立跨境物流运营中心，通过规模优势或优势互补使得跨境物流成本降低。当商品集聚以后再进行大规模的运输，突出优势是可以有效降低物流的成本，提高物流的效率，这对于中小型企业而言，是一种节约成本的、有效的物流模式。但是其也有弊端，比如，时效性比较差，如果进行规模化的运输，那么商品的聚集和分类整理就需要花费大量的时间，这就会导致配送时间的延长。大型电子商务平台或中小企业建立的战略联盟主要采用这种模式。

（八）第四方物流

从传统意义上来说，第一物流就是指生产企业自己做仓储和货运；第二方物流指的是企业利用车队和仓库进行货运、仓储，进行功能服务；第三方物流主要是为整个供应链提供完整的管理服务。然而，世界环境随着全球经济的发展在以下三个方面发生了改变：一是全球化、复杂化的供应链；二是互联网的兴起带来的透明度变化；三是市场需求的个性化发展。这些变化使得传统的第三方物流（图2-2-1）无法适应和满足当前社会的需求，从而形成了第四方物流（图2-2-2）。

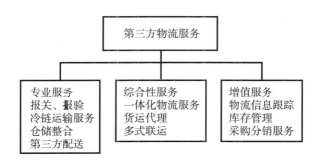

图2-2-1　第三方物流服务

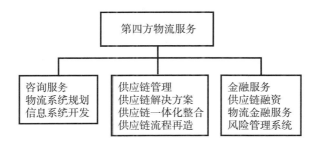

图2-2-2　第四方物流服务

1. 第四方物流的定义

第四方物流不是物流的利益方，是供应链的集成商，对供需双方和第三方物流具有引导力量。第四方物流通过整合能力、信息技术、其他资源等提供一整套供应链的解决方案，从而获得一定的利润。第四方物流可以帮助企业降低成本，实现对资源的有效整合，并依托优秀的第三方物流供应商、增值服务商、管理咨询、技术供应商，为不同的客户提供独特的供应链解决方案。第四方物流对整个供应链有很强的影响力，以解决企业物流问题，对各种社会资源进行整合，从而实现物流信息的共享和充分利用社会物流资源。

2. 第四方物流的基本特征

（1）第四方物流使企业的物流服务行为从多种形式转变为一种形态。这也就是说，由多家的物流服务变为一家的物流服务，变多元化为一体化，实现一体化服务。它克服了企业自营物流的第一方物流、简单基础物流的第二方物流、专营物流企业的第三方物流的缺点。强化物流过程，减少流通费用，给物流用户带来价值，升华了基础物流和传统物流模式，不断提升了物流的档次，最重要的是使得物流形式发生质的变化。

（2）第四方物流对各种物流资源具有调动和协调的能力，主要包括综合运用各种物流技术和行为，其核心内容是及时的控制和沟通各种物流活动和行为。

（3）第四方物流能够提供各种物流解决方案，具有可操作性好、计算准确、能适应不同需求者需求、实用性强的特点。完成一体化的物流服务是第四方物流服务的特性。面对复杂的跨境物流和跨境电商，一批第四方物流公司涌现出来，这为跨境物流注入了新鲜血液。比如，第四方物流公司一方面可以提供物流的专线服务，另一方面还推出了在线推广、货源分拣、全球物流与仓储服务、在线收付等服务，甚至还在信息技术、大数据与金融增值服务上有所涉及。

3. 我国第四方物流发展策略

（1）制定发展规划，实施行业标准。物流的有序发展需要一个友好的、有利的环境，因此，对于全国物流的发展需要有一个规划。这个规划要依据我国物流的发展现状、问题、国际国内的形式、未来的机遇与挑战来对我国物流的发展目标作出规划，对跨越式发展的步骤进行确定。以综合运输系统发展规划为基础，形成点和面相结合的物流园区发展规划；建设物流信息平台，前提是以我国信息系统发展规划为基础；制订相应的人才培养计划和人才培养模式。除此之外，为了顺利实施以上的规划，需要政策的大力支持，打造物流发展所需要的政策法规环境，比如培育物流市场和物流服务提供商的政策措施等。

（2）重点发展第三方物流企业，为第四方物流的发展打下坚实基础。集成和整合是第四方物流的本质，这主要体现在信息共享和物流流程优化两个方面。集合第三方物流供应商是第四方物流供应商的核心能力。依托于信息收集和共享，不断决策和优化物流业务的解决方案，目标是行业最佳，实现为货主企业提供更好的物流服务。实施第四方物流优化方案，需要第三方物流在以下两个方面的配合：一是信息共享的配合，二是指令执行的配合。就社会分工而言，在整个物流供应链中，第四方物流是第三方物流的管理者和聚集者。第三方物流在整合社会资源的基础上，第四方物流对第三方的物流进行整合。第三方物流企业如果不存在，也没有获得发展，那么第四方物流就无法进行管理、整合和集成。对此，需要对第三方物流大力发展，只有这样才能使第四方物流有发展的基础。发展第三方物流是提高我国物流业发展水平的最重要措施。大力发展第三方物流，培育大型物流企业，一方面可以在不增加资金投入的情况下提高物流业的效率和效益，另一方面为合作企业创造"第三方利润源"。

（3）大力发展电子商务物流，建立全国物流。公共信息平台电子商务＝网上信息传递＋网上结算＋网上交易＋物流配送。一个完整的商业活动必须涉及四个流动的流程：信息流、商流、资金流、物流。其中，基础是物流，桥梁是信息流，目的是资金流，载体是商流。物流是电子商务的重要组成部分之一，是资金流、信息流的基础和载体。现代物流运作模式的支撑使得物流系统呈现出高效的、畅通的、合理的特点，电子商务的优势可以在此基础上得到有效发挥；没有与电子商务相适应的物流系统，就很难有效地发展电子商务。

（4）政府要转变政府职能，做好物流基础设施建设、规范化工作、产业服务。第四方物流在整合社会资源、促进物流业发展方面具有十分重要的作用。发展第四方物流，建立物流信息公共平台，应该成为政府工作的重点。对此，产业服务、物流基础建设、规范工作应该成为物流产业政策的重点。物流基础设施建设具有投资回收期长、投资大的特点，因此，需要政府起主导作用，形成民间资金、外资为辅的多元化的物流投融资体系。通过借鉴国外经验，对物流基础设施投资的纯现金返还制度进行改革，使物流企业能够以低成本运营，为了筹集物流建设的资金，可以在适当时机发行物流建设债券或放宽高科技物流公司发行股票上市的条件。

三、跨境电商物流模式的选择

跨境电商企业提高用户体验的关键因素是跨境电商物流模式的选择，因此，影响用户体验可能来自任何影响物流配送过程的因素。配送便利性、时效性、物流成本、物流信息反馈这些都是影响跨境电商选择物流模式的重要因素。不同的跨境电商物流有不同的优劣势和使用条件，因此，跨境电商交易方应根据自身的交易方式、交易方向、交易类别，来选择合适的跨境电商物流模式。

（一）根据交易方向选择的物流模式

根据交易方向的不同跨境电商交易可以分为跨境出口交易和跨境进口交易两种。这里提到的跨境出口和跨境进口实际上与传统国际贸易中的进出口业务相似。不同的是，这里提到的进出口业务是依托于电子商务交易平台来实现。对于跨境出口交易，需求发生在海外。因此，可采用快递物流、专线物流、邮政包裹、海外（边境）仓储物流；对于跨境进口交易，需求主要来自国家内部，可采用专线物流、邮政包裹、快递物流等常见的跨境电子商务物流方式。

（二）根据交易模式选择的物流模式

根据交易主体的不同跨境电商交易，分为三种主要的交易模式：一是企业对企业（B2B）、二是企业对消费者（B2C）、三是消费者对消费者（C2C），如表2-2-2所示。

表 2-2-2　不司交易模式下的跨境电商物流模式的选择

交易模式	贸易方向	①	②	③	④	可选择的物流模式
B2B	出口	是	是	是	是	海外仓储、外贸企业联盟集货或第三方物流仓储集运
	进口	是	是	是	是	保税区
B2C	进口	是	否	否	否	邮政小包
	进口	是	是	否	是	国际快递
	出口	是	是	否	否	规模大：海外仓；规模小：邮政小包、国际快递、国内快递、国内聚集后规模化运输
	出口	否	否	是	否	邮政小包
C2C	出口	否	是	否	是	国内快递、国际快递
	出口	是	否	否	否	邮政小包
	进口	是	否	否	是	国际快递、邮政小包

备注：①物流成本：商品是否包邮；②物流的时效性：收货时间要求是否高；③配送的便捷性：配送网络是否广泛；④物流信息反馈：能否及时查询到信息，及时跟踪物流情况

以 B2B 模式为例，这种模式主要是通过建立供应契约以及长期关系的方式，同时保持价格黏性，与此同时，通过执行订单、降低库存等方式，促进交易成本比市场交易机制下的成本更低。B2B 模式实现了企业和企业之间的资源、信息的共享，这可以最大程度上降低企业协调成本、信息搜索成本；B2B 模式具有商品金额大、批量大的特点，因此，对物流信息反馈速度、配送便捷性、物流成本的要求很高。基于此，出口物流最好选择外贸企业联盟集货、海外仓储、第三方物流仓储集运的方式；对于进口物流而言，可以选择保税区。

通过第三方跨境电商平台，32C 模式通过网络零售向全球终端消费者销售商品。这种模式的特点是消费者通过互联网技术在网上向企业购买商品或服务，企业与消费者直接对接，以此实现销售产品或服务，并可以给予消费者较低的折扣。从进口电商的角度来看，B2C 模式下的大型电商企业将大量进口商品投放到保税区，这样的方式可以保证在物流的最后一公里获得时效性并以价格优势取胜，从

而提高用户的体验。相对而言，小规模跨境电商企业的小批量、小金额订单可以直接使用邮政小包物流服务，如果买家要求及时反馈物流信息，强调时效性，则可以使用国际快递。从出口电子商务的角度来看，B2C 模式下的大型企业采用海外仓储，可以有效降低物流的成本。如果用户对时效性有要求，那么小规模电子商务企业可以适当采用国内聚集后规模化运输、商业快递、邮政小包、国内快递；如果买家的订单地址比较偏、远，送货不方便，企业可以选择邮政小包。

C2C 模式是指在第三方跨境电商平台上，个人卖家通过网络零售将商品直接销售给全球终端消费者。第三方跨境电子商务销售平台包括亚马逊、eBay、阿里巴巴全球通等。C2C 模式具有开放、高效、成本低的特点，既可以促进消费者生活质量的提高，也可以为个人和企业创造出贸易的机会。在出口电商方向上，小型 C2C 跨境电商卖家为了在物流上保证时效性，通常会使用国际快递。但如果单单考虑成本，邮政小包是小卖家选择的主流，辅以国内快递的跨国业务模式，补充模式为国际快递。从进口电商的角度来看，大多数 C2C 卖家都是将商品背在背上（人肉背货），或者通过国际快递或邮政小包寄回。

（三）根据交易品类选择的物流模式

不同的跨境电商物流模式具有不一样的特点，适用于不同种类的商品。有关机构研究显示，我国跨境电商产品主要集中在以下行业：3C 电子产品、服装、汽车配件、家居园艺等。不同的物流模式适用于不同的行业。对于服装和 3C 电子产品来说，由于其交易量分散、交易量小，可采用快递物流、专线物流、邮政小包、海外仓、边境仓等物流方式；对于汽车配件、家居园艺等产品，不建议采用快递物流、邮政小包的方式，可以选择海外（边境）仓物流模式、其他专线物流。

总的来说，电子商务模式的创新促进了跨境电商的快速发展，跨境电商的快速发展离不开物流模式创新和不断完善的物流体系。只有专业化、信息化、集约化的现代物流模式，才能支撑起跨境电商的更好发展。

对于跨境电商企业而言，应根据实际情况进行合理选择，从而以最低的成本、最短的时间提供最高的服务质量。

（四）选择物流模式遵循的基本原则

1. 消费者为中心原则

跨境电商卖家应根据消费者物流需求决定选择何种物流渠道，除了要让消费者满意，还需最大限度地降低成本。按照物流二律背反理论，高水平的服务意味着高成本。在服务水平和成本之间取得平衡，应以消费者满意为导向。消费者满意与否，与物流服务水平高低没有必然关系，但与其得到的服务跟预期是否相符紧密相关。消费者得到的服务与其预期越一致，则越满意；反之，则越不满意。因此，实现消费者满意首先要知道消费者的需求，要以跨境电商消费者的需求为出发点。如消费者对时间要求不高，则无须选择快捷、但成本高昂的商业快递；相反，如果消费者对时间要求很高，那么速度与交货时间将成为选择物流渠道的主要因素，如有必要即便成本再高也得选。

2. 系统性原则

系统性原则又叫整体性原则，把决策对象视作一个整体，准绳是以决策对象的整体目标优化，对系统中各部分的相互关系进行协调，促进到达整体的最佳状态。在决策时，应以系统的总目标协调各个小系统目标，追求整体最优而不是局部最优。跨境物流需求有多种目标，安全、快速、价格稳定、成本低等，对跨境电商物流渠道进行选择时，要采用系统性思维和方法，把影响物流渠道选择的各个要素和诉求目标当成一个整体去考虑，权衡利弊，以求达到综合最优效果。在选择物流服务时不能一味要求成本低，还需保证物流的质量，有卖家不遵循系统性原则，只选择价格最低的物流渠道，找非专业、不规范的物流公司，不但速度慢，还经常丢件，承诺的服务无法兑现，结果不但无法顺利交付货物，还须承担损失。

3. 战略性原则

跨境物流渠道选择的效益要与企业长远、全局性的战略目标一致，符合企业在跨境电商市场的战略抉择。企业为了打开市场、提高市场占有率、提升产品或品牌竞争力，需要高质、高效的物流服务。高水平物流服务意味着高成本，企业利润会降低，但是，从企业长远发展的角度来说，暂时的高成本和利润牺牲是有价值的，因此，企业战略方向与物流渠道选择获得的效果必须保持一致。

4. 经济性原则

经济性原则是指以最低代价获取最优效果为标准对公共关系方案进行评估的原则。也就是说在满足消费者需求的前提下，尽量选择物流成本最低的物流渠道。例如，同为快递，EMS 的交货期、服务水平、安全性等方面都不如四大国际商业快递，但 EMS 的价格优势却非常明显，可成为中高端服务的经济性选择。

第三章　港口物流的理论认识

　　港口物流是以港口地区为服务平台，以港区及辐射区域为服务对象的物流活动。这些物流活动是整个物流系统中的重要组成部分。港口物流主要表现形式为港口仓储服务，具体涉及内陆运输、储存、包装、货运代理、拆装箱、装卸搬运、流通加工、物流信息传递以及单证处理等诸多功能的服务。本章主要内容为港口物流的理论认识，分别介绍了港口物流的内涵、国外港口物流的发展和我国港口物流的发展三个方面。

第一节　港口物流的内涵

一、港口及其构成

（一）港口的概念

　　港口是具有一定设施和条件，供船舶在各种气候条件下安全进出、靠泊，及进行旅客上下、生活资料供应、货物装卸与必要的编配加工等作业的场所。

　　一般在江、河、湖、海等沿岸设置港口，根据港口所在的地理位置，港口分为海港、河港、湖港等类型；根据港口的性质和用途，港口分为商业港、工业港、军港、渔港等类型，本章的研究范围主要针对海港（也适应于河港、湖港等），主要研究的是商业港和工业港，其中又以商业港为研究重点。

　　港口涉及的管理和服务是很广泛的，主要包括航道、港池、锚地、码头、货场、仓库、各种作业设备（运输、加工、修理等）、导航系统、通信系统和其他相应的管理与服务系统等，此外，还需要配备一定的集疏运体系和经济腹地。

（二）港口的构成

1. 港口陆域

具备适当的高程、岸线长度与纵深的用于人员上下船、货物装卸、堆存、转载与编配加工等的陆地区域就被称为港口陆域。港口陆域主要包括码头、仓库、货场、道路（公路、铁路等）、供货物装卸、堆存、转载与编配加工等的各种设备及其他各种必要的附属设施。

（1）码头。码头由若干个泊位构成，用来供船舶靠泊作业，以及货物装卸与人员上下，是港口的重要组成部分。每艘船的靠泊码头长度为一个泊位。根据随停泊船舶的大小，来具体布局泊位的长度和水深。

（2）仓库。港口仓库是供货物在装船前和卸船后临时或短期存放的建筑。仓库具有重要的功能，一般用来贮存、集运货物，或是分类、编配加工、检查货物，提升车船周转的速度，进一步增强港口通过能力，确保货运质量。根据存放货物的种类，可以将港口仓库划分为件货仓库、散装仓库、危险品仓库及冷藏库等类型；根据仓库的特点，可以将港口仓库划分为专用仓库、通用仓库、单层仓库与多层仓库等类型；根据仓库的位置，可以将港口仓库分为前方仓库和后方仓库。前方仓库就是设置在码头前方第一线，与船舶装卸作业存在直接的关系，供货物暂时存放的建筑。通常情况下，前方仓库的容量需要与泊位通过能力相匹配。后方仓库布局在港区的后方，后方仓库的位置与码头泊位之间的距离是比较远的，后方仓库是供货物集中和周转的建筑。根据货物集散的速度以及港口所在地区的要求，来设定后方仓库的容量。一般将需要较长时间堆放的货物放在后方仓库中进行保管。为了有效提升车船周转的速度，确保港口的流通效率，卸载在前方仓库中的货物如果超过了堆存期限，而货主仍没有提货，港口会将其转移到后方仓库中进行保管。

（3）港口货场。港口货场是在港内堆存货物用的露天场地，港口货场主要是堆存不能进库的货物，或者不怕日晒雨淋的货物。货场按照场地所在的位置可以分为前方货场和后方货场；按照货物不同的种类，可以分为件杂货场和散杂货场。港口货场需要具备排水的条件，即具备一定的坡度，同时还要留出通道，为车辆和装卸机械通行和消防作业提供一定的空间。

（4）码头前沿作业区。码头前沿作业区是从码头线至第一排仓库（或货场）的前缘线之间的场地。码头前沿作业区主要是进行货物装卸、转动或者临时堆存货物。在前沿作业区会配备相应的装卸和运输设备，并且有道路与港外连通，甚至会铺设铁路路线，火车、汽车能开到码头前沿，进行车船直接联运。如果货物不能直接联运，就会暂时放在库场保存。

（5）港内道路。港内道路主要是供运货车辆和流动装卸运输机械通行的港内通行道路。港内道路与城市道路和疏港道路相连接，通常呈环形布置，这样更加有利于运输。设置港内道路时，应避免干扰到装卸作业。为了满足港口运输大量货物的要求，在港口内可以铺设铁路线，通过火车集疏运。

（6）供货物装卸、堆存、转载与编配加工等的各种设备。港口必须配备起重、运输机械和库场、船舱机械等各种装卸及运输机械。这些设备能够提升车船装卸、运输与加工的速度，从而进一步提升港口的吞吐能力。

（7）附属设施。港口站域设施还包括为港口工程建筑物及设备维修所用的工程维修基地、燃料和淡水供应站、对船舶进行临时性修理的航修站、作业区办公室、消防站、输电系统、照明、通信和导航设备及港务管理办公建筑等辅助生产设施。

2. 港口水域

港口水域要求水流平缓、水面稳静，同时港口水域还要具备一定的深度和面积，这样有利于船舶航行、运转、锚泊和停泊装卸。船舶进出港航道、港池和港口锚地三部分构成了港口水域。

（1）进出港航道。从海、河主航道上通向港口码头的航道就称为进出港航道。进出港航道的尺度应该与进出港船舶的尺度相匹配，这样能保证航行的安全。此外，进出港的航道中线应与水流的方向尽量一致或接近，这样便于船舶进出港口，同时也能减少泥沙的堆积。

（2）港池。港池指的是供船舶停靠和装卸货物的毗邻码头的水域。这对港池的水深和面积有一定的要求，需要满足船舶安全停靠和装卸以及船舶调头的需要。

（3）港口锚地。港口锚地分为两部分，分别是港内锚地和港外锚地。港口锚地的主要作用在于供船舶安全停泊、等候码头泊位、进行过驳作业、船舶编解队作业和利于边防及海关检查与检疫之用。为了确保港内船舶的安全作业，港口可以建设防波堤用来帮助港口防护风浪。

3. 港口腹地

港口集散旅客和货物的地区范围被称为港口腹地，港口腹地也可以称为港口的吸引范围。港口腹地可以说是一个港口所服务和被服务的地区，也就是港口货物（或旅客）运来、运出或中转的地区和直接为该港口提供后勤、经济支撑等服务的地区。

自然、社会、经济因素会影响港口腹地的类型和范围。依据港口地理位置及其周边交通运输与经济状况最终确定腹地的类型与范围。划分港口的腹地是具有重要的意义的，一方面能够更清楚地了解腹地的资源状况和经济潜力；另一方面能合理确定港口分工，科学布局和规划港口。

根据港口与腹地的连接方式，可以将港口腹地类型与范围进行划分，可以将其分为陆路腹地、水路腹地和空路腹地三类。陆路腹地的腹地范围为港口经济辐射、吸引以及历史上有密切往来的经济区域；水路腹地的腹地范围为经水上航线直挂、直达的外陆（或外埠）经济区域；空路腹地的腹地范围为经空路航线直挂、直达的外陆（或外埠）经济区域。

根据港口之间的腹地关系，可以将腹地分为单纯腹地和混合腹地两类。单纯腹地的腹地范围为一港独有经济区域范围；混合腹地的腹地范围为多个港口共有经济区域范围。

根据服务到达性质，可以将腹地分为直接腹地和间接腹地。直接腹地的腹地范围为港口直接服务或被其服务的经济区域范围；间接腹地的腹地范围为经港口中转的所达经济区域范围。

港口经济腹地的大小受多种因素的影响，一方面受区位条件、交通条件等因素的影响，另一方面受港口对外的贸易和运输联系所决定的港口物流的流量和流向的影响，在一定程度上决定了港口及其腹地的规模和地位。对于一个港口来说，其腹地不是静止不变的，随着经济和物流的发展，而在不断发生着变化。一般来说，影响港口腹地范围的主要因素包括港口的硬件条件、港口的软环境、集疏运条件、外部经济规模及结构、竞争情况和货物类型等，其中，港口的硬件条件主要涉及基础设施、港口布局、特殊设备、仓储条件、信息平台等；港口的软环境主要涉及装卸质量、口岸环境、港口服务范围、船舶等候时间等；集疏运条件主要涉及运输距离、运输道路与航道条件、陆路和水路运输设备情况等；外部经济规模及结构主要涉及港口潜在服务区的经济发展、对外经贸情况、产业结构等；竞争情况主要涉及港口的竞争力；货物类型主要涉及不同类型货物的特性、包装、适宜的运输工具、运输距离等。

港口腹地与港口之间不是相互隔离的，而是存在着相互依存、相互作用的关系。腹地经济发展水平越高，对外产生的经济联系就越多，对港口的服务需求也就越大，为港口规模的扩张和结构演进提供了源源不断的动力；同时，港口的发展又为腹地经济发展创造了条件，进一步扩大了港口腹地范围，有利于促进以港口为中心的区域经济发展。

4.港口集疏运体系

港口集疏运系统指的是与港口相互衔接、主要为集中与疏散港口吞吐货物服务的交通运输系统。港口集疏运系统由多部分内容组成，主要包括铁路、公路、水路、城市道路、空路及相应的交接站场。港口集疏运系统联通了港口和广大腹地，有利于港口的生存和发展。对于所有的现代化港口来说，完善与畅通的集疏运系统是其必备的外部条件，是港口成为综合交通运输网中重要的水、陆、空交通枢纽的重要保证。

港口集疏运系统有非常明显的特征，主要体现在集疏运线路数量、运输方式构成和地理分布等方面，各港口与腹地运输联系的规模、方向、运距及货种结构深刻影响着港口集疏运系统的具体特征。通常情况下，港口与腹地运输联系规模大、方向多、运距长或较长，以及货种较复杂多样，集疏运系统的线路就会比较多，运输方式结构与分布格局也较复杂，反之亦然。各港口的具体情况复杂多变，所以港口的集疏运系统的具体特征也具有明显的差异。通过分析港口的发展趋势，我们发现对于大型或较大型港口的集疏运系统来说，最适宜的发展方向是向多通路、多方向与多种运输方式方向发展。

港口在空间上表现为一个点，这个点需要面和线的支持，这里的面指的就是腹地，线指的就是水陆空集疏运系统。现代港口与港口之间的竞争演变为以港口、腹地和运输为整体的综合实力的较量。一地区经济大发展和对外贸易的强大需求推动着港口的诞生和发展，发达的经济腹地为港口的可持续发展提供了强大的动力，能够为其提供充足的货源和服务。

二、港口物流概念诠释

港口现代物流可以说是一个复合的概念，需要从多方面完整准确阐释其内涵。

（一）基于港口发展历史的诠释

联合国贸发会于 1992 年发布《港口的发展和改善港口的现代化管理和组织原则》[1]，在此研究报告中把港口的发展分为第一代、第二代和第三代，20 世纪 90 年代后港口向第四代发展。

20 世纪 90 年代以后，全球经济一体化趋势愈发明显，港口的功能也越来越丰富多样，从单一货运生产到综合物流汇集，传统货流转变为货流、商流、金融流、技术流、信息流全面大流通，从车船换装的运输方式转变为联合运输、联合经营，传统装卸工艺转变为以国际集装箱门到门多式联运为主要特征的现代运输方式。现阶段，港口的发展目标是成为物流中心。现代港口具备越来越多的功能，比如具备国际多式联运的枢纽功能，还扮演区域或国际性的商贸中心、金融中心、信息中心的角色。

通过分析港口发展历史，我们可以看出，港口现代物流应该诠释为货流、信息流、资金流的汇集地，是各种物流作业的集中地，具备多种物流设施，体现了物流的服务功能。

（二）基于港口物流活动内容的诠释

港口现代物流活动主要包括装卸、运输、仓储、流通加工、信息处理活动，不仅如此，港口现代物流活动还会涉及各种辅助活动。通过分析港口物流活动内容，我们可以发现港口现代物流融合了运输、仓储、装卸搬运、代理、包装加工、

[1]　真虹.第四代港口的发展模式 [J].海运情报，2006（6）.

配送、信息处理等物流环节，已经形成了完整的供应链，能够为用户提供多功能、一体化的综合物流服务体系。

（三）基于港口物流基本要素的诠释

流体、载体和流向是港口物流活动中三个最基本的要素。所谓的流体指的是经过港口的货物，载体指的是流体借以流动的设施和设备，流向指的是港内流体从起点到止点的流动方向。通过分析港口物流基本要素，我们可知，港口现代物流具备优质的载体，流体流动的顺序安排得也比较合理，流体具备科学的流向。

（四）基于港口物流特点的诠释

港口现代物流具有自身的特殊性，相比于传统的港口生产和服务及其他类型的物流，港口现代物流具有国际化、多功能化、信息化、标准化、独特化、聚散效应、整合效应等特点。随着全球经济一体化的发展，港口也显现出"一体化"的特点。通过分析港口物流的特点，我们可知港口现代物流属于新型产业系统，更加顺应现代物流的发展趋势。

（五）基于港口物流服务平台的诠释

一般来说，港口物流平台结构由三个层次构成，分别为环境层、供给层和需求层。港口物流的服务环境层主要包含港口所在地及其腹地的经济结构、港务管理局和海关等政府职能部门的政策法规、港口的物流设施等，其中码头、仓库、道路、机械等都属于港口的物流设施。港口物流的供给层由物流服务提供方组成，港口物流的需求层由物流服务需求方组成。通过分析港口物流的服务平台，我们可知港口现代物流是建立在港口节点基础上，为客户提供服务的平台。

（六）基于港口在整个物流链中的独特地位的诠释

港口在整个物流链中的独特地位体现在以下几方面。

（1）港口可以说是整个水陆运输的枢纽，从总体上来看，国际贸易货运量的绝大部分都是由海运完成的。港口在物流链中发挥着重要的作用，是整个运输链中最大量货物的集结点。

（2）港口拥有现代物流服务业发展的雄厚基础，具体来讲，港口的硬件设施主要包括先进的设备、码头岸线资源、后方陆域面积较大的堆场或仓库以及良好的集疏运系统。

（3）港口能够整合生产要素，汇集了人流、货流、商流、资金流、技术流、信息流，有助于发挥物流生产要素整合平台的资源优势，是现代物流发展的重要平台。在现代物流网络链中，港口是最高效、整合生产要素功能最强大的平台。通过分析港口在整个物流链中的独特地位，我们可以对港口现代物流有一个更清晰的定位，认识到港口现代物流是依托在港口这一特殊平台上的现代物流系统。

三、港口物流的特点与功能

（一）港口物流的特点

港口物流作为一种服务，由于其物流中心的独特的地理位置，其发展具有自己的特点。

（1）港口物流的发展与腹地经济发展状况存在密切的关系。港口物流受腹地经济发展水平、规模、交通运输体系以及该地区的人口密度等因素的影响。对于世界上大多数城市来说，大力发展港口有着重要的意义，为了扶持和推动港口的发展，各城市为此制定了以港兴城的发展战略，使得港城之间的关系更加紧密。现阶段，港口已经发展成为这些城市不可分割的重要组成部分和新的经济增长点。

（2）港口物流发展受国家政策和国际环境的影响。港口物流服务的内容是非常广泛的，不仅包括一般意义上的物流服务，还涵盖了关检、海上救助和海事法庭等特殊服务。港口物流的发展水平在一定程度上受国家政策的影响，同时周边国家与地区同港口经济之间也存在紧密的关系，港口周边国家与地区的经济发展水平、经济体制、开放政策和外交政策等会影响港口经济的发展。

（3）港口物流面临较普通物流更为激烈的直接竞争。国际贸易发展得越来越深入，使得港口逐渐发展成物流中心，同时也加剧了港口物流之间的竞争。我们知道，临近港口之间会存在竞争，不仅如此，港口面临的竞争有时还来自具有区域战略地位的国外港口。一方面，高速公路、铁路和内河航道运输网络在港口腹地内不断完善起来，进一步发展了传统腹地的概念，在一定程度上强化了物资的流动性、迁移性和蔓延性。对货主和船公司来说，不论是同一区域内的港口，还是邻近区域内的主要港口，在距离方面都是差不多的，各港口竞争的是物流服务水平。另一方面，大的航运企业物流插足港口的竞争。一般来说，大跨国公司的全球物流承运人和代理人往往是国际上著名的航运大企业，大的国际航运联运选择哪些港口作为其物流分拨基地，或者作为其物流经过的口岸，对港口来说是非常重要的。港口物流优良，基础设施一流，物流服务高速度和高效率的港口更受大航运企业的青睐。例如，荷兰鹿特丹港口是全球吞吐量最大的港口，正是因为鹿特丹港口拥有有效的服务和完善的腹地交通，荷兰并不是鹿特丹港口主要的发货地和目的地，80%吞吐的货物来自其他国家。港口一流的内陆运输网能够中转大量的货物，将其运至欧共体各成员国，鹿特丹港口具有明显的竞争优势。

（4）港口物流在现代物流链中居于中心地位。在现代物流发展中，港口具备很多独特的优势，在综合物流服务链中处于中心的地位。港口集疏运能力是非常强大的，同时也具备良好的物流网络基础，是现代物流业发展的重点。海运完成了绝大部分的国际贸易中的货运量，使得港口成为整个运输链中最大量货物的集结点。港口衔接了水陆两种运输方式，具有非常重要的意义，整个物流链能否顺畅运转就取决于港口的建设和服务水平是否完善。与此同时，随着经济一体化的深入发展，港口在所在地的经济中的重要性越来越突出，各地政府非常重视港口的发展，逐渐加大了对港口的投资，在港口配备了先进的装卸设备，建立了具有一定面积的堆场和仓库，进一步完善了生产组织系统，有效改善了集疏运条件，使得港口更具竞争优势，在一定程度上提高了港口拓展物流服务水平，为港口的进一步发展奠定了坚实的硬件基础。

（5）港口物流的发展体现了整个国家物流发展的总水平。港口具备独特的地理优势，硬件设施也比较完备，这是港口物流发展的先天优势。大量的货主、航运企业、代理企业、零售商等汇集在港口，使得物流、人流、技术流、资金流在港口交汇。对于最先进的技术和管理，港口物流要比腹地物流更早接触到，随着物流链的延伸从而渗透到腹地，带动腹地物流和整个国家物流的发展。从这个层面来看，整个国家物流的发展水平在很大程度上取决于一国港口物流的发展水平。

（6）港口物流具有集散效应。围绕港口，为了满足国际货物的装卸和转运的需求，装卸公司、船运公司和陆地运输公司由此产生；为了满足船舶停靠的需求，船舶燃料给养供给、船舶修理和海运保险由此产生；围绕港口还产生了一系列的中介公司，比如关系货主和船公司的无船承运人、货物代理和报关代理等中介服务；现代物流业的深入发展使得以物流增值作业为特色的物流园区和物流中心由此产生。港口物流体系是非常发达的，提供的物流支持成本比较低，有助于促进区域经济的发展，进一步提升城市的辐射能力和影响力。随着港口物流的发展，在港口周边聚集了大量的加工企业，逐渐发展成为临港工业区，成为区域经济发展新的增长点。同时，随着港口物流的发展，大量的资金流、人流和信息流汇聚于此，有助于形成地区性的金融中心，还有助于推动旅游业、信息产业的发展。世界上的许多城市正是充分发挥了港口的优势，才发展成为世界工业和贸易中心。依托发达的综合性港口发展起来的城市，其经济发展水平也较高，也较容易发展成为区域性、国际性的经济中心。

（7）港口物流具有整合效应。随着全球经济一体化的深入发展，港口物流发展日益国际化、规模化和系统化。在港口物流产业内部不断进行整合，同时，港口与陆域、航空物流的合作越来越全面，在空间上逐渐发展为"前港口，后工厂"的格局，有效增强了港口整合生产要素的功能。通过联合规划和作业，形成高度整合的供应链通道关系，有助于降低物流的成本，进一步提高物流效率，为客户提供更优质的服务。不仅如此，港口物流服务"一体化"的特点也越来越突出。在依托港口腹地运输、拆装箱、包装、质量控制、库存管理、订货处理和开具发票等增值服务的基础上，港口物流服务进一步拓展，增加了金融、保险等方面的服务以及货物在港口、海运及其他运输过程中的最佳物流解决方案等。

（二）港口物流的基本功能

现代物流的快速发展使得港口的功能定位发生了转变，港口逐渐成为"综合物流中心"，港口不仅提供船舶靠泊、货物装卸、转运、储存管理和产品简单加工等传统服务，而且还增加了现代物流服务，主要包括信息处理、产品深层次加工等增值服务。港口连接了水陆两种运输方式，并且是唯一的连接点，是水路运输货物的集散地，同时也是国际贸易中心、信息中心和服务中心。现代港口物流的基本功能正在发生改变，逐步从单一的装卸、仓储、运输等活动，向着效率更高、成本更低、服务更具人性化的目标发展。现代港口物流活动的功能主要包括以下几方面。

（1）运输、中转功能。港口物流的首要功能就是运输和中转功能，现代港口物流活动中的运输功能已经发生了转变，不再是单一的、与其他业务分离的服务活动，已经发展成为供应链服务的中心一环。运输的方式主要包括公路运输、铁路运输、水路运输和不同运输方式之间的转运，货物的集疏运是运输功能最重要的体现。港口物流的运输功能能够为港口内外腹地提供辐射服务。

（2）装卸搬运功能。装卸搬运在很大程度上影响着货物流转的速度，专业化的装载、卸载、提升、运送、码垛等装卸搬运机械能够有效提高装卸搬运作业的效率，同时还能减少装卸搬运过程中货品的损毁。装卸搬运功能的意义在于可以实现物流由进港地点向离港地点的移动。

（3）仓储功能。仓储功能具体来讲也就是转运与库存的功能，主要包括各种运输方式转换的临时库存和为原材料、半成品及产成品提供的后勤储存和管理服务。在港口进出口的货物数量繁多、品种多样，不同的货物有不同的仓储要求，这就要求港口物流中的仓储设施应满足各类货物的仓储需求。

（4）加工、包装、分拣功能。加工主要涉及两部分的内容，分别为流通加工和组装加工。流通加工指的是粘贴标签、销售包装作业等，组装加工指的是组装产品零部件，满足客户个性化需求。包装涉及为商品包装和运输包装，以及商品包装和运输包装的快速转换。分拣指的是在货物合理存放的基础上，根据客户的要求对货品进行快速分类。加工、包装、分拣功能都能够降低运输成本，在一定程度上也能减少装卸和运输过程中货品的损毁，使得商品上市时是完整和合格的。

（5）配送功能。在库存仓储、存货管理的基础上，为企业配送所需的原材料、零配件等物料，做好企业生产的后勤保障。在港口物流中建立完善的配送系统。针对港口物流配送覆盖面广、运输线路长、业务复杂等特点，港口还需要建立相应的管理、调度系统。配送服务介于运输和消费之间，体现了港口物流体系在末端的延伸。

（6）信息处理功能。信息处理功能是港口进行物流运作非常重要的功能。港口物流只有具备强大的信息处理能力，才能对大量的、不同品类的、不同客户的、不同流向的货物进行管理、仓储、加工、配送。港口还可以充分利用优势信息资源和通信设施以及 EDI 网络，为客户提供一定的市场和决策信息，这些信息主要关系物流信息处理、贸易信息处理、金融信息处理和政务信息处理等。

（7）保税性质的口岸功能。这一功能指的是在区域或部分区域实现保税（海关监管）区的功能，在港口设立海关、检验检疫等监管机构，为客户通关通验提供一定的便利条件。

（8）其他服务功能。港口物流还具备一系列的辅助功能，比如接待船舶，船舶技术供应，燃料、淡水、船用必需品、船员的食品供应，引航，航次修理等。概括来说，现代物流体系下的港口物流已经发展成为重要的物流形态，港口物流的功能在一定程度上能够简化贸易和物流的过程，能有效提升港口在国际多式联运和全球综合物流链中的影响力，进一步促进国民经济和世界经济的发展。

第二节　国外港口物流的发展

一、国外先进港口物流的发展现状

（一）新加坡港口

新加坡位于东南亚，港口物流很发达。新加坡港口具有明显的地缘优势，南靠新加坡海峡，西临马六甲海峡，拥有完善的集疏运网络，为新加坡港口物流的发展提供了便利条件。新加坡已经发展成为现阶段亚太地区最大转口港，同时也是世界集装箱发展最成功的港之一。

世界上第二大集装箱枢纽港就是新加坡港，新加坡港拥有完善的集疏运系统，成为全方位的综合物流运输中心。新加坡港的港口发展具有以下显著特点。

（1）应用高新技术。新加坡港重视应用高新技术，积极引进先进的电子技术，在港口的业务洽谈和物流信息管理、船只进出港指挥等领域广泛应用电子技术，有效地提升了港口企业的工作效率。

新加坡港的交通信息和电信通信网络是非常发达的。对于新加坡物流公司来说，基本实现了整个物流运作过程的自动化，配备了全自动立体仓库、高技术仓储设备等现代信息技术设备。新加坡港口物流应用现代科技具有重要的意义，在很大程度上提升了货物的安全性、保证了物流的准确性。

（2）实行自由港政策。自由港政策主要面向与新加坡签订自由贸易协议的国家，这些国家在新加坡能够享受自由通航和贸易，还能享受免征大部分货物关税的优惠。新加坡实行自由港政策是有积极意义的，一方面有利于港口货物的流通，降低物流的成本；另一方面还能有效增强新加坡港口物流在国际港口物流中的影响力。

（3）发展临港工业。新加坡港拥有优越的港口条件、宽阔的土地资源，同时，新加坡港的集疏运体系也是比较完善的，这些便利条件都有助于新加坡港的临港工业的发展，而且发展临港工业还能有效促进新加坡港及周边经济的发展。地缘优势、经济优势、基础设施、先进的电子技术、优越的软环境，这些都是港口快速发展的重要条件。

（4）追求高效、高质量的专业化物流服务。高效和高质量是新加坡港口物流业发展的重要特征。举例来说，利用"贸易网""港务网"，新加坡港能够实现无纸化通关，在电脑终端上进行贸易审批、许可和管制。另外，新加坡还建设了相应的配送中心，能提供高水准的服务。

（5）加强企业培训、注重人才培养。新加坡港口物流业可持续发展的重要举措就是重视物流业人才的培养，为此，新加坡政府推出了一系列的物流人才培训计划，比如开展政校合作、国际交流等，用来满足市场的实际需要。不仅如此，政府还加强了与物流专业机构、协会、商会合作的力度，举办相关的物流展览会、研讨会，推动国家交流与合作。

（二）鹿特丹港口

荷兰第二大城市鹿特丹港口，拥有优越的河运、海运条件，位于世界最繁忙的贸易航线上，也是欧洲水运大动脉——莱茵河的交汇点。德、法、英是西欧最发达的三个国家，为鹿特丹港口的发展提供了经济条件。鹿特丹港口连接了北欧和南欧，与欧洲稠密的公路、铁路网结成一体。鹿特丹年吞吐量达到了惊人的规模，已经发展成为世界第一大港，是西欧贸易的中心。鹿特丹港的发展具有以下特点。

（1）鹿特丹港提供服务的最大特点是储运销形成一条龙。鹿特丹港拥有欧洲最大的集装箱码头，能够仓储数额巨大的货物。鹿特丹港的交通网络是相当发达的，内河船舶、铁路转运四通八达，能够承载大量的货物运输。鹿特丹港货物销售市场非常广阔，大西洋沿岸腹地经济发达，是鹿特丹港货物的主要销售市场。

（2）物流中心规模大，专业化程度高。鹿特丹港原有 Eemhaven 物流中心和 Botlek 物流中心，其中，Eemhaven 物流中心的业务服务项目主要是钢材与木材的储存与配送，Botlek 物流中心以石油化工产品专业配送为主要业务。之后，鹿特丹港建立了 Maasvlaskte 物流园区。这些物流中心的建立为港口物流提供了更加专业的物流服务。在鹿特丹全港企业中普遍采用先进的电子信息技术，港口物流操作已经实现了信息化和网络化，在很大程度上提升了鹿特丹港物流处理效率。

（3）完备的集疏运体系。鹿特丹港口物流拥有完备的集疏运体系，其中，铁路、水路、公路交通网络发达，能够实现多式联运功能。鹿特丹港口以水运为主。港口集疏运网络顺畅，货物运输能实现"门到门"。在水路方面，船舶通过莱茵河等航道，将货物运往德国、荷兰、法国、比利时等目的地。除此之外，鹿特丹港口还有连接欧洲 100 多个港口的定期航班，这在一定程度上能够减轻公路运输的压力。而远距离的内陆运输，一般通过铁路运输，每一天有几十列火车到达或离开鹿特丹港。另外，在鹿特丹港的地下，还建立了复杂的地下管网，通过这些管网可以运送石油或其他产品。

（4）功能齐全的物流园区。在鹿特丹港内还建设了大量的物流园区，这些物流园区靠近码头和联运设施。这些物流园区具有多种多样的功能，涵盖了拆装箱、仓储、组装、报关、集装箱堆存修理以及向欧洲各收货点配送等。

（5）不断创新的管理体制。鹿特丹港务管理局不断创新管理体制，进一步转变港务管理职能，能够有效促进港口物流的健康稳定发展。鹿特丹港实行开放式的港口政策，有助于企业的生存发展。鹿特丹港具有非常高的开放度，甚至比自由港还开放。港区不仅拥有完善的海关设施，而且还实行优惠的税收政策，企业可以根据自身情况选择合适的道关程序，比较方便。

（6）政府统一规划、建设和管理，企业自主经营。鹿特丹港务公司负责鹿特丹港的日常经营和管理工作，鹿特丹市政府持有该公司全部股份。鹿特丹港的规划、建设和管理由政府承担主要责任，鹿特丹港区内土地、码头和港口设施的开发则由鹿特丹港务公司承担主要责任。对于企业的自主经营，政府是支持和鼓励的。私营企业进行经营需要向港务公司租赁港口设施，之后再投资码头上的库场、机械设备和配套设施。

（三）安特卫普港口

欧洲的第二大港是安特卫普港，也是世界上比较著名的港口。安特卫普港位于比利时北部斯海尔德河下游，具有比较高的港口物流发展水平，已经成为世界先进港。安特卫普港发展特点主要有。

（1）基础设施完备。在安特卫普港内，专业码头众多，仓库和专业设备多种多样。其中，专业码头主要包括汽车、木材、集装箱、瓷土、煤和矿石等。

（2）交通网络完善。安特卫普港的航线覆盖超过300条，交通网络非常完善，水上运输和陆路运输非常发达，已经形成了交通集疏运网络体系，为货物的运输提供了便利条件。

（四）汉堡港

汉堡港地处欧洲南北、东西两大贸易线的交汇点，毗邻欧洲主要物流市场，具有较深的经济腹地。目前已成为波罗的海地区、俄罗斯地区和东欧的主要运输枢纽和物流中心，其港口面积73.99平方千米，是欧洲仅次于鹿特丹港的第2大港。

（1）重视港城协调，合理布局港口物流。在汉堡港的发展规划中，对港口与城市的协调发展、港口的可持续发展和港口资源合理配置等方面是非常重视的，而且利用法律手段保证规划的权威性和执行性。现阶段，易北河隧道以西这部分区域是汉堡港的港区规划的重点区域。为了满足大型船舶的需求，可以在西部港区建设或者改造深水码头。经济发展的需求推动易北河北岸现代化商业区的建设，这就使得港区集中在易北河南岸。

（2）以"地主港"模式进行管理。汉堡港的管理模式是"地主港"模式。州经济和劳工事务部负责日常管理，私人公司负责其他所有作业。经营者向州政府租用土地，向政府支付码头租用费和土地租用费。州政府承担其他所有基础设施建设和维修费用。港口收入全部收归州政府财政。

（3）发达、均衡的集疏运体系，保障港口物流顺畅。汉堡港拥有发达的公路、铁路、水路集疏运体系。铁路运输可以抵达东欧、南欧等地；内河运输能够连接欧洲内河航道网和德国境内水网。沿海运输与英伦三岛和波罗的海沿岸国家相连接；公路运输连接城际公路网，通过城际公路网络，使得汉堡港高效连接附近地区的经济中心。

（4）现代化集装箱码头提高了装卸效率，降低了物流成本。近年来，汉堡港集装箱吞吐量增长速度明显加快，在欧洲增长率排名中名列第一。汉堡港有四个大型集装箱码头公司，拥有超强的吞吐能力，现代化程度也比较高，能够为众多的大型集装箱船舶提供装卸服务，此外，汉堡港集装箱码头装卸吊车装卸效率是非常高的。正是因为港口货物装卸速度快，集疏运系统衔接紧密、高效通畅，在很大程度上缩短了船舶的靠港时间和货物堆存时间，在一定程度上节约了货主的物流成本。

（5）设立自由港为港口物流提供最大限度的便捷。在全球自由经济区中，汉堡自由港可以说是规模最大的，拥有 16.3 平方千米的面积，180 多万平方米的储存区域，160 多万平方米的集装箱中心。另外，汉堡自由港还开设了铁路转运站。汉堡自由港涉及的业务主要包括货物储存、转船、流通等，享有较多的优惠政策，如表 3-2-1 所示。

表 3-2-1　汉堡"自由港"的主要优惠政策

项目	海关操作	条件
船只进出港	无须结关	只需悬挂海关旗帜
货物在港装卸、转船和储存	不受海关限制，不要求立即申报，转口货物 45 天内无须记录	无

项目	海关操作	条件
货物由自由港输入欧盟	结关、缴纳关税、进口税	无
非临管性质货物	区别管理，视同在欧盟境内另一口岸已完成进入欧盟手续	提供有关单证证明

对于进出的货物和船只来说，汉堡自由港给予了最大限度的自由，并且为船只提供较为自由和便捷的管理服务措施。从世界所有自由经济区来看，汉堡自由港这种自由、便捷和周到的管理服务也是非常独特的，并且带来了一定的积极影响，在一定程度上推动了金融、保险等第三产业的发展，使得自由港与城市的功能相互影响与促进。

（五）釜山港

釜山港位于朝鲜半岛的东南端，是韩国的第一大贸易港，也是韩国通往欧亚大陆的门户港口，位于世界三大三干航线上，地理位置优势极佳。

（1）扩大港口管理当局的自主管理权限。韩国国会通过的港口管理修订法案，允许釜山港务局扩大港口经营范围，水域管理权也从中央政府移交给港务局，其自主管理权的范围得到进一步扩大。

（2）提供优惠政策和资金支持。韩国政府制定了税收优惠政策、港口实行低收费政策、为物流公司提供资金支持等一系列优惠政策和扶持措施，有助于吸引班轮挂靠，在一定程度上能够促进港口设施建设，同时对港口物流的发展也有很大的促进作用。

（3）港口集疏运网络发展迅速。韩国港口集疏运发展较为迅速，目前已经建立了相对完备的集装箱运输体系。公路运输和铁路运输在集装箱运输中占比都很大。例如，首尔至釜山集装箱的铁路运输，仅一天就能够运输200～240个集装箱。

（4）加快信息化进程，助推港口物流发展。韩国政府斥巨资建设了以 RFID 系统为基础的 Ubiquitous 港，应用这一系统能够有效提高程序效率和港口生产率，进一步提升釜山港的信息化水平，还能增加釜山港的经济效益。

（5）建立港口物流园区，促进区域物流合作。釜山港利用港口的仓储、堆场等基础设施和集装箱码头，形成一个相互难以分离的自由贸易园区，内设自由贸易区和自由经济区。在自由贸易园区内，釜山港还实施了取消集装箱进出港税、对使用港口的航运公司采取积分制等优惠政策，便于吸引海内外客户。

二、国外港口物流发展模式分析

（一）港口物流的管理模式

现阶段，国外主要有两种典型的港口管理模式，分别是政府机构与国营企业经营管理模式、各方共同经营管理模式。

1. 政府机构与国营企业经营管理模式

政府机构与国营企业经营管理模式下的港口由国家负责，国家和国营企业负责港口的投资建设和经营管理。

政府机构与国营企业经营管理模式之下的港口缺少相应的自主经营权与财产权，不具备有效的竞争和监督机制，这些原因使得港口存在一定程度的资源浪费、服务质量差、效率低下等问题，带来了非常负面的影响，一方面给国家财政带来了极大的负担，另一方面也影响了港口的经营效率，降低了港口的竞争力。从总体上看，完全由政府机构与国营企业经营管理的港口数量是比较少的，特别是在欧美发达国家更是少。当前，采用这种管理模式的港口也在积极进行体制改革，改革发展的方向为多元化投资经营主体的模式。

2. 各方共同经营管理模式

政府、国营企业、私人企业共同负责各方共同经营管理模式之下的港口的投资建设与经营管理。

世界上最普遍的港口经营管理模式就是各方共同经营管理模式，同时这种模式也是实行政府与国营企业经营管理模式港口改革发展的方向和趋势。这种趋势也是港口商业化的主要表现，港口商业化的主要特点是打破了由国家或政府经营管理港口的单一模式，政府尽量减少直接参与。

现阶段，日本、新加坡等国的港口都采用了这种经营管理模式。以新加坡港为例来进行具体分析，1997 年，新加坡港进行了港口管理体制改革，由之前的政企合一的管理体制转变为商业化管理模式，在改革之前，港务局既要实行部分行政管理职能，还要负责经营港口装卸、仓储等业务。改革之后，原港务局一分为二，划分为新加坡海运与港口局和新加坡港务集团，新加坡海运与港口局将处理港口和海运方面的管制及技术问题作为主要职责，新加坡港务集团主要履行港口的投资、经营管理职能。

经过商业化改革，新加坡港口获得了飞速发展的契机，企业职工服务意识不断增强，不仅有效降低了企业的经营成本，提升了企业的经营效率，还增加了企业的海外投资，提升了新加坡港在国家航运中的影响力。

（二）港口物流的运作模式

港口管理模式对应着相应的港口物流运作模式。经过不断地发展与实践，国外港口典型的物流运作模式主要有三种。

1.鹿特丹港物流运作模式——地主型物流中心模式

鹿特丹港物流运作模式也可以称之为地主型物流中心模式。地主型物流中心模式赋予了港口管理局很大的经营管理自主权与土地使用权，统一进行港口地区的码头设施、临港工业以及其他设施的用地管理。通常情况下，港口管理局拿一部分仓库与堆场建设公共型港口物流中心，但是港口管理局只负责管理与提供基础设施，并不直接参与物流中心的经营。建成物流中心后，港口管理局会选择业务基础牢固、信誉好的物流经营方加盟，也会吸纳工商企业加入物流中心，物流中心主要承担原材料采购、配送等职能，参与供应链的管理。当今世界港口物流发展的重要方向之一就是地主型物流中心模式，不仅是鹿特丹港口采用了这种模式，还包括美国的纽约新泽西港、巴尔的摩港，德国的汉堡港与法国的马赛港等世界著名港口，都采用了这种模式。总的来说，鹿特丹港物流运作模式主要包括以下特点。

（1）政府统一规划，企业自主经营。鹿特丹市政府掌管鹿特丹港的土地、岸线与基础设施的所有权，在政府之下设立港务局，承担港口的开发建设与日常管理等职责。港务局统一规划和投资开发港区内的土地、码头、航道与其他设施，建立专门的物流中心，积极引进与布局和港口相关的产业。允许私人企业参与经营，经营的主要方式是租赁方式，只需要投资码头上的机械设施、库场及其他一些辅助配套设施，为私人企业参与经营提供了一定的便利条件。鹿特丹港实行港区与物流中心一体化管理模式，使得港口的设施能够为物流中心的发展提供相应的基础，而且物流中心的发展在一定程度上也能促进港口自身和区域经济的发展，二者之间存在相互促进、协调发展的关系。

（2）配套设施完善，运作效率高。鹿特丹港拥有码头、堆场、仓库、装卸设备、环保设施、水陆空交通运输网以及各种支持保障系统，配套设施完善。另外，鹿特丹港还配备了电子数据交换系统与自动化导航系统，对港口的经营管理者的素质有更高的要求，不仅业务素质要求高，还要具备相应的管理经验，能够使用现代化的港口管理设备与操作手段。鹿特丹港应用了集装箱电子扫描、整合电子数据交换系统，进一步提高了工作效率。另外，将物流公司作为简化增值税手续的"有限代表"的措施能够使海关服务更加通畅快捷，确保港口货物的及时发送。除此之外，鹿特丹港还具备发达的集疏运体系，能够保证货物输送的效率。

（3）物流中心专业化、规模化。鹿特丹港在有限的港口资源条件之下，建立了发展物流中心，这是鹿特丹港成功的重要因素。1998 年，鹿特丹港建立了配送园区，提供专业化的物流服务，之后，其他国家的港口纷纷效仿。当前，鹿特丹港建立了三个专业化的大型物流中心，分别是 Eemhaven、Botlek 与 Maasvlakte。

Eemhaven 物流中心占地约 35 万平方米，负责提供木材、钢材等大宗产品储存与配送服务；Botlek 物流中心占地约 105 万平方米，主要负责石油、化工产品的专业配送；Maasvlakte 物流中心占地约 125 万平方米，旨在建立配送中心与加强供应链控制的大型企业。

现阶段，鹿特丹港务局还计划增建 55 万平方米的物流中心区，其中 Botlek 物流中心为 15 万平方米，Maasvlakte 物流中心为 40 万平方米。一般物流中心选址会选择靠近港口码头或铁路、公路、内河等交通便利的地方，在物流中心内建设连接码头的专用运输通道，采用先进的通信与信息技术，提供物流运作的必要设备、场地、各项增值服务，以及海关的现场办公服务。

一般在物流中心内都会设置配送园区，这些物流园区往往成为多数企业在欧洲的配送中心，同时也是一个能使得小企业放心地将货物交付的，保证及时送货到全欧洲的物流服务商。

（4）与港口腹地工业形成物流链。鹿特丹港经济的重要组成部分是港口工业，港口工业为鹿特丹港贡献了多半的增长值，从事港口工业的劳动力有2万多人。鹿特丹港是世界上重要的炼油基地，同时也是重要的化工工业基地。一些全球著名的炼油及化工企业都在鹿特丹港设点落足，比如壳牌、埃索、科威特石油公司、阿克苏诺贝尔、伊斯特曼等。鹿特丹港区内包括4个世界级精炼厂、30多个化学品与石化企业、4个工业煤气制造商、12个主要罐存与配送企业，港区的多半产业由炼油及化工业占据。鹿特丹港另一个重要的工业类型是食品工业，食品工业贸易、存储、加工以及运输公司集中分布在港区，比如联合利华、可口可乐等。鹿特丹相当于欧洲人的海边超市，欧洲人可以在鹿特丹找到所有他们想找的东西。

（5）灵活的港口管理模式。为了更好地迎接挑战，鹿特丹港务局的角色正在发生转型，由传统的角色转变为商业企业合作伙伴的角色，传统的角色主要负责发展、建设、管理并且经营港口与工业园区，高效、安全、便捷地管理船务运输，商业企业合作伙伴的角色主要负责对物流链进行战略性投资，进一步增强鹿特丹港的影响力。以鹿特丹枢纽港控股公司为例来分析，鹿特丹枢纽港控股公司成立是为了无须事先征得市政委员会的同意，使控股公司能够参与合资及商业合作，提高决策的效率。

鹿特丹枢纽港控股公司肩负着重要的责任，不仅要大力开发内陆码头建设与完善腹地交通网，还要参与物流服务以及其他类型的港口产业，使得产业之间能够互补，比如，公司积极参与"捷克铁路码头"与"斯洛伐克铁路码头"项目、"欧洲环境技术中心"回收再生中心项目等。新体制的形成与发展，新的鹿特丹枢纽港控股公司投资结构的运作，使得港口吞吐量持续增长，港口产业结构不断优化。

2. 安特卫普港物流运作模式——共同出资型物流中心模式

安特卫普港的物流运作模式相当于共同出资型物流中心模式，也就说多方合资经营港口物流中心模式。这种模式运行的依托是港口，同时联合数家水、陆运输企业，形成股份制形式的现代物流中心，将装卸、仓储、运输、配送、信息处理组合在一起，实现一条龙的综合性服务。

共同出资型物流中心模式具有显著的优点，在解决港口资金缺乏的困难方面有着非常大的优势，同时也能加强与国内外先进的物流企业的合作，及时了解和掌握国际上现代物流中心的经营和管理技术以及运作方式。综合来讲，安特卫普港物流的发展模式，主要包括以下各项特点。

（1）港务局与私营企业共同投资。安特卫普港拥有和竞争对手鹿特丹港不同的发展模式，在港口物流中心的建设过程中，安特卫普港务局重视在港口基础设施方面的投资，私营企业负责经营物流、土地开发以及海运业务。经过多年的发展，安特卫普港务局预留了大批地块，用于发展至港内斯海尔德河两岸的配送业务，在推动安特卫普港的物流开发过程中，政府发挥了至关重要的作用。截至 2014 年，安特卫普的物流供应商能够向用户提供的仓库面积达到 480 万平方米，并且仍具有广阔的发展空间，正在开发当中的面积是非常广阔的，高达 5809 公顷。

（2）完善各项基础设施，为物流中心的发展提供条件。一般来说，土地是港口及港口物流发展最大的资源限制，这就需要将有限的土地进行充分的利用，最大限度的利用土地是各港口都需要重视的问题。安特卫普港利用有效圈地和"左岸"扩建计划，基本能够满足当前阶段货物装卸单位的需求，对未来也有一定的积极影响，确保了将来不会出现用地紧张的问题。不仅如此，在安特卫普港内，还配备了现代化的码头设施、庞大的仓储设备、优质的信息自检系统、自动化的装卸设备、高科技的电子数据交换与信息管理系统，交通运输网络非常发达，这些优势条件在很大程度上推动安特卫普港发展成为跨地区跨国的物流链中心节点。

（3）大力发展临港工业，扩展腹地。港口物流发展的重要推动力量就是广阔的市场，临港工业的发展与广大腹地的经济发展能够有效推动市场的形成和发展。安特卫普港的典型特征就是港区工业高度集中，已经发展成为比利时第二大工业中心，涉及的工业有炼油、化学、汽车、钢铁、有色冶炼、机械、造船等。现阶段，安特卫普港已经拥有全球最大的化工集群，仅次于休斯敦，成为世界第二大石化中心。安特卫普港拥有广阔的腹地，腹地范围包括比利时、法国北部、马尔萨斯与洛林，卢森堡，德国萨尔州、莱茵河流域、鲁尔河流域及荷兰的一部分，安特卫普港的腹地经济是非常发达的，有着广阔的市场发展空间，在很大程度上推动了安特卫普港物流的发展。

3. 新加坡港物流运作模式——供应链型与联合型物流中心模式

新加坡港的物流运作模式兼具供应链型物流中心与联合型物流中心两种模式的特点。具体来说，由港口物流企业与航运物流企业共同组成的物流中心就是供应链型物流中心。供应链型物流中心模式能够充分利用各自在供应链不同部位的优势，达成相互合作，共同投资组成紧密型物流集团，或者同一大型集团公司同时经营航运与物流两个供应链环节。一般来说，由港口与保税区，或者所在城市共同组建的物流中心就是联合型物流中心。新加坡港物流的发展模式，主要包括以下各项特点。

（1）执行自由港政策，政府直接投资建设港口设施。在整个国民经济中，新加坡港有着重要的战略意义，发挥着重要的作用。为了确保新加坡港的规划和建设处于领先地位，增强新加坡港在国际航运中的竞争力，新加坡政府一直以来都非常重视港口的投资，不仅对其进行直接投资，而且投资的规模非常大。不仅如此，新加坡港还执行自由港政策，实行相应的优惠措施，比如开辟大面积的保税区，对中转货物减免仓储费、装卸搬运费与货物管理费等，这些优惠政策能够吸引世界各国船公司，有效巩固其国际航运中心的地位。

（2）物流业务分工明确，实行集约化经营。新加坡港区共有三个配送中心，分别是岌巴配送园、三巴旺码头与巴西班让。岌巴配送园提供的主要服务是拆拼箱、仓储、运输以及货物取样、测量、贴牌、包装等。位于保税区的岌巴配送园拥有比较完备的设施，发达的网络系统，可以为货主提供货物在集装箱堆场内的存放信息。岌巴配送园是港区内最便捷的集装箱配送中心。三巴旺码头提供的主要服务是处理汽车、重型设备、钢材等货物，这一配送中心的业务重点是散货分拨。巴西班让是专业的汽车转运中心。另外，该港的裕廊物流中心也是一个超现代化的物流中心，其客户包括索尼、沃尔沃、戴尔等国际大型物流商。

（3）物流运作与管理高度现代化。在进行物流运作与管理工作时，新加坡港积极采用高新技术，充分使用自动识别系统、电子入闸系统、全自动化桥式吊机等各项现代化装备，以及方便快捷的电子数据交换系统。当前阶段，新加坡港有两个网络系统，分别是贸易网和海港网，新加坡的网络系统已经成为政府部门、航运公司、货运代理与船东之间有效的、无纸化的沟通渠道，同时也能够有效传达给有关各方相关的信息，在一定程度上提高物流运转效率。

（4）积极培育港口物流链。新加坡港采取港口发展与腹地工业发展相结合的发展方式，积极采取措施促进临港工业的发展，这样的发展方式带来了积极的影响，使得港口物流能够为工业提供专业、高效的物流服务，有效促进区域经济发展，实现港口与城市同步发展。不仅如此，腹地工业与城市的发展也能推动港口的发展，进一步提高港口的经济效益。基于此，新加坡港长期致力于将港区建设与吸引外资相结合，将一些临港土地与泊位提供给跨国公司，使其发展成为专用中转基地，同时鼓励大的跨国企业在港区建设物流中心、配送中心等。新加坡港还大力发展石油、化工、造船等临港工业，促进港口物流链的进一步完善。

（5）物流服务的形式多样。作为世界四大港口集团之一的新加坡港务集团主要业务是经营港口码头，除此之外，还涉及 IT、物流、供应链解决方案与海运等多种增值服务，例如，提供集装箱管理服务，利用自身的 IT 技术开发虚拟仓库系统，帮助客户加快仓储的响应速度与减少费用，提升客户供应链效率，同时还致力于为客户提供物流解决方案，协助客户简化物流程序、提高生产效率、降低成本。具体来说，内容包括三点：第一，解决客户在海港操作时的物流需求；第二，提供项目管理服务，协助客户实施用于海运货物的物流管理系统；第三，协助客户实施物品流通管理系统。

第三节　我国港口物流的发展

一、我国港口发展的历史沿革

我国水运发展历史悠久，从新石器时代、封建王朝，再到新中国成立，中国港口拥有着自己的历史脉络。新石器时代的先人可以在天然河流上广泛地使用独木舟和排筏。在河姆渡遗址中出土了木浆，这意味着在距今 7000 多年以前，生活在中国东南沿海的"人类"，已经学会使用木浆出海渔猎。在春秋战国时期，水上运输发展到了一个新的阶段，出现了水运的港口，在当时已经出现了渤海沿岸的碣石港，也就是今天的秦皇岛港。

在汉代，广州港、徐闻港、合浦港开始了与国外的海上通商活动，而且贸易越来越频繁。扬州港位于长江沿岸，融合了海港和河港的特征。在唐代，扬州港发展成为相当发达的国际贸易港。在宋代，出现了四大海港，分别是广州、泉州、杭州、明州。

鸦片战争之后，西方列强用坚船利炮强行打开了中国的大门，和中国签订了一系列不平等的条约，由此导致外国人长期控制中国沿海海关和港口，同时使得中国丧失了内河航运权。外来势力长期控制中国的港口，掠夺我国的资源财富。在新中国成立前，中国的港口基本处于瘫痪状态，在全国范围内（除台湾地区），达到万吨级的泊位只有 60 个，只有 2 万多米的码头岸线，500 多万吨的年总吞吐量，从总体上看，大多数港口比较原始，只能通过人抬肩扛的方式进行装卸。

新中国成立后，中国的水运和港口业迎来了新的发展机遇，先后经历了以下五个不同的发展时期。

（一）港口建设的第一阶段

新中国成立初期的 20 世纪 50 年代至 70 年代初，这一时期是中国港口建设的第一个发展时期。帝国主义对我国进行了海上封锁，我国经济发展的重心以内地为主，铁路是交通运输的主要方式，这一时期海运事业发展缓慢。港口发展的重点为技术改造和恢复利用。

（二）港口建设的第二阶段

20 世纪 70 年代开始，中国港口建设迎来了第二个发展时期。这一时期，中国积极发展对外关系，不断扩大对外贸易，外贸海运量获得了较大幅度的增长，对沿海港口的货物通过能力有了更高的要求，而我国港口船舶压港、压货、压车情况日趋严重。在 1973 年初，国家树立了"三年改变我国港口面貌"的目标，中国开始了第一次建港高潮。1973 年到 1982 年期间，全国共建成深水泊位 51 个，新增吞吐能力 1.2 亿吨，首次自行设计建设了中国大连 5 万、10 万吨级原油出口专用码头。这一时期，我国港口建设队伍得到了极大的锻炼，为日后港口的建设与发展奠定了坚实的基础。

（三）港口建设的第三阶段

20 世纪 70 年代末至 80 年代是中国港口建设的第三个发展时期。这一时期，中国经济发展进入了一个新的阶段。在"六五"计划中，中国政府将港口列为国民经济建设的战略重点，由此引发了中国第二次建港高潮，港口建设迎来了高速发展的机遇。

在"六五"期间，我国共建成 54 个深水泊位，新增吞吐能力 1 亿吨。1980 年，我国有 11 个万吨级泊位港口。五年时间，中国新增了四个万吨级泊位港口，吞吐量达到了 3.17 亿吨。"七五"期间，中国沿海港口建设达到了前所未有的水平，经过五年的建设，共建成泊位 186 个，新增吞吐能力 1.5 亿吨。其中，96 个深水泊位，18 个煤炭泊位，3 个集装箱码头，而且装卸矿石、化肥等的大型装卸泊位，已经达到了世界先进水平。

（四）港口建设的第四阶段

20 世纪 80 年代末至 90 年代是中国港口建设的第四个发展时期。这一时期，改革开放不断深入发展，国际航运市场也在不断发展变化，中国将泊位的深水化、专业化建设作为港口建设的重点。

中国第三次建港高潮也发生在这一时期，建港是为了更好地适应社会主义市场经济的发展。中国海上主通道的枢纽港以及煤炭、集装箱、客货滚装船三大运输系统的码头是这一时期港口建设的重点。至 1997 年年底，全国沿海港口共拥有中级以上泊位 1446 个，其中深水泊位 553 个，吞吐能力为 9.58 亿吨，是改革开放之初的 4 倍。1980 年，港口的吞吐量是 3.17 亿吨，1997 年，港口吞吐量已经达到了 9.68 亿吨。这一时期，共有 20 个主枢纽港，其中包括大连、秦皇岛、天津、青岛、上海、深圳等。

除此之外，这一时期建成了完备的与港航相配套的各种设施、集疏运系统、修造船工业、航务工程、通信导航、船舶检验、救助打捞系统等，建成了具有一定规模与水平的水运科研设计机构、水运院校与出版部门，基本建立了一个相对完整的水运营运、管理、建设与科研体系。

（五）港口建设的第五阶段

20 世纪 90 年代末至 21 世纪初期是中国港口建设的第五个发展时期。截至 2017 年 5 月，中国已经与"一带一路"沿线的 36 个国家及欧盟、东盟分别签订了双边海运协定（河运协定）。协定内容主要包括双方给予对方国家船舶在本国港口服务保障和税收方面的优惠。不仅如此，还成立了中国—中东欧海运合作秘书处，将国际海事组织亚洲技术合作中心设在了中国境内。建立了中国—东盟海事磋商机制、中国—东盟港口发展与合作论坛、中国—马来西亚港口联盟等。

"一带一路"建设为中国港口发展创造了便利条件，提供了新的契机。2017 年 5 月，召开了"一带一路"国际合作高峰论坛，中国是共建"一带一路"倡议的发起者，在论坛召开之际发布了《共建"一带一路"：理念、实践与中国的贡献》，指出共建"一带一路"的主本框架是"六廊六路多国多港"，为各国参与"一带一路"合作提供了明确的路线。这里的"多港"指的是若干保障海上运输大通道安全畅通的合作港口，通过与"一带一路"沿线国家共建一批重要港口和节点城市，进一步繁荣海上合作。[①]

二、我国港口建设现状

（一）长江三角洲港口群的建设

上海、宁波—舟山、苏州以及由南京、连云港等港组成的集装箱运输系统是长江三角洲港口群建设的重点。将宁波舟山、连云港作为建设的重点，同时发展上海、南通、苏州、镇江与南京等港的进口矿石、原油接卸及中转系统。

（二）珠三角港口群的建设

珠三角港口群的建设需要做好协调发展，一方面巩固香港国际航运中心地位，另一方面重点发展深圳与广州港，同步发展汕头、珠海、中山等港的集装箱运输系统；重点发展惠州、深圳、珠海等港的进口原油与成品油气接卸码头，同步发展广州、东莞等港的成品油气中转运输系统。

① 新华社.书写新世纪海上丝绸之路新篇章——习近平总书记关心港口发展纪实 [R].（2017-7-5）[2017-7-5].http：//www.xinhuanet.com/politics/2017-07/05/c_1121270327.htm.

（三）渤海湾港口群的建设

大连、天津和青岛港是渤海湾港口群的建设的重点，同步发展丹东、营口、锦州、秦皇岛、唐山、沧州、烟台、日照等港的集装箱运输系统；同步发展以大连、唐山、天津、青岛和日照港为主的进口矿石中转系统；同步发展以大连、天津、青岛港为主的进口原油中转系统；同步发展以秦皇岛、唐山、天津、沧州、青岛、日照港为主的煤炭装船系统。

（四）东南沿海港口群的建设

厦门港是东南沿海港口群建设的重点，也是东南沿海港口群的干线港，同步发展福州、泉州、莆田、漳州等支线港的集装箱运输系统；同步发展以泉州港为主的进口石油、天然气接卸系统。

（五）西南沿海港口群的建设

以湛江、防城、海口等支线港所组成的集装箱运输系统是西南沿海港口群建设的重点，同步发展由湛江、海口、广西沿海等港所组成的进口石油、天然气中转储运系统。

三、我国港口物流发展的概述

中国的海岸线长 1.8 万千米，内河航道为 11 万千米，承担着 9% 的国内贸易运输与 85% 以上的外贸货物运输，沿海沿江有 1460 多个商港。中国的八大港口分别是上海、大连、天津、秦皇岛、宁波、青岛、广州、深圳，货物吞吐量都超过亿吨，加上香港、高雄，我国的亿吨大港已经占据世界亿吨大港的半壁江山，上海凭借着超 3 亿吨的吞吐量发展成为世界第三大港。随着经济全球化的深入发展，世界各国的经济联系愈发密切，国与国之间的经济活动日益频繁，使得技术、资金、人力资本、管理思想在全球范围内流动或传播，一些发展中国家逐渐显现出一种"后发优势"。

在早期，中国的港口物流发展是非常落后的，发展水平远远落后于世界上其他航海国家的港口物流水平。随着新技术、新理念的引进，我国的港口物流业进入了高速发展的快车道，物流业逐渐向着专业化、规模化、智能化、国际化的方向发展。各地充分发挥港口的天然优势，建立了一大批具有相当规模与综合服务功能的物流基地和物流园区。例如，上海港提出了"大通关"工程，不断加快外高桥物流基地的建设，进一步优化港口软硬件服务环境，不断拓展货物分类、包装、加工、配送等新的服务领域，这些举措使得港区的辐射功能与综合服务功能得到了有效的提升。深圳港积极吸引外资，不断加强码头基础设施建设，注重引进先进的管理思想与技术手段，开发港口物流园区。天津港、青岛港、大连港进一步加大了对现代物流港口的建设力度，向现代化物流型港口方向发展。

现阶段，地方政府非常支持各地的物流园区与各类货运枢纽、场站建设，有效增强了港口物流的集聚与辐射功能。部分物流企业基地不断加快建设速度，基本建成了物流园区。物流技术的推广应用与快速升级赋予了我国现代港口物流新的发展任务，即建设港口货物运输的基础设施和建设信息化水平与服务体系。现代港口的作用已经发生了重要的转变，由传统意义上的水陆交通枢纽转变为支持世界经济、国际贸易发展的国际大流通体系的重要组成部分，是连接全世界生产、交换、分配与消费的中心环节。

当前港口已经发展成为我国对外开放的门户与窗口。港口的中长期发展规划指出，加强整合长三角、环渤海、华南和东南沿海、西南沿海四大区域经济的港口资源，加强建设上海国际航运中心20个枢纽港，进一步提升码头泊位大型化与专业化水平，为港口成为国际物流的核心枢纽提供便利条件。

四、我国港口物流发展的现状不足

（一）未能做好基础建设

我国港口物流发展存在的典型问题是信息化建设不够均衡，部分港口物流信息化发展速度快，硬件和软件基础较好，有利于港口物流的发展。然而，也有一部分的港口，物流信息化发展速度慢，物流信息化建设起步晚，使得港口物流信息化发展水平较低，与世界上港口物流信息化发展水平较高的区域还存在很大的差距。信息化建设水平低，会导致物流的竞争力减弱，运转货物的能力较低，在一定程度上阻碍了港口物流的发展。对于部分港口来说，并没有详细规划物流信息化的发展，只在一些部分引入了信息技术，没有实现完全的信息化管理。物流信息化建设对硬件和软件设施都有较高的要求，如果软硬件设施落后，是难以建成规模大且信息化程度高的港口的，这样也会影响港口的业务，降低港口的竞争力。

（二）信息化发展过于分散

电子商务的高速发展推动着外贸交易的快速发展，这就要求港口具备更高水平的物流运输管理。越来越多的企业开始重视港口物流信息化发展，其中存在着一些原因，从国外来看，港口物流信息化发展带来了一系列的影响，从国内来看，信息化水平不断提升，信息化管理的优势更加凸显。近年来，港口物流信息化建设取得了一定的成果。但是需要指出的是，这个过程中信息化发展处于分散状态，各自独立研究和发展，没有实现信息共享和成果共享。缺乏有效的信息互通，使得港口物流难以实现一体化管理，对物流信息化发展造成了极为不利的影响，也增加了物流成本。

（三）信息化发展不均衡

电子商务模式下，我国港口物流在发展中存在不均衡的问题，物流信息化发展也具有这个问题。对于先进的港口来说，毫无疑问其信息化发展程度较高，基本具备电子商务的功能，具有代表性的港口是上海港和天津港。但从整体上来分析，大部分港口物流信息化发展水平较低，还有很大的提升空间，对电子商务功能的研究也比较浅显。目前，港口物流信息化整体水平不太高，使得物流信息化发展成效不明显，不利于我国港口物流的整体发展。

（四）缺乏专业人才支撑

电子商务模式下，物流的发展方向是信息化，物流信息化有助于提升市场竞争力。港口物流信息化发展是非常重要的，专业的人才是物流信息化快速发展的重要支撑。但是现阶段，虽然各高校开设了电子商务专业及物流管理专业，但是专业人才仍然存在很大的空缺。此外，港口物流高层管理人员不重视信息化发展，对信息化的认识也不够深刻，在引进和储备专业人才方面不够积极。

（五）港口物流发展不协调

我国港口物流事业在发展过程中还出现了不协调的现象，主要表现为国内几个大型港口如青岛前湾保税港、大连大窑湾保税港、天津东疆保税港等物流发展水平较高，但我国港口总体布局不够合理，没有明确确立枢纽港、喂给港，并且信息化发展水平不太高。除此之外，部分港口没有充分开发和利用港口资源，出现了资源浪费的现象。还有一些地区当地物流企业发展较落后，在一定程度上阻碍了港口物流业的发展。总而言之，全国港口物流发展仍存在不协调的现象。

（六）港口物流运营缺乏先进理念

当今，物流行业的发展速度是非常快的，这就需要港口准确把握经济全球化的趋势，为客户提供一体化的物流服务，只有这样，才能增强港口的影响力和竞争力。然而，在实际发展过程中，部分企业只关注眼前的经济利益，不具备发展的眼光，没有正确地看待未来的市场，使得很多企业服务意识薄弱，不够重视为客户提供服务，即使提供了服务类型也不够多样，仅得到了眼下的经济效益，不注重企业的长远发展，没有建立现代化的物流体系，在未来，很容易被市场所淘汰。

（七）港口物流集疏运网络不发达

现阶段，我国港口物流快速发展，货物吞吐量和装卸效率有了很大的提升，然而，港口的集疏运网络不够发达。公路、水路和铁路是我国港口集疏运的三种主要方式，其中，公路运输比较频繁，使用铁路和水路运输比较少。正是因为铁路和水路港口集疏运方式使用较少，在很大程度上增加了公路交通的压力。另外，公路集疏运通道技术水平较低，配套设施也不够完善，服务体系不健全，违背了当前城市提倡节能环保的理念，同时还给城市规划建设带来了不利的影响。

五、我国港口物流发展的学习方向

通常情况下，港口发展会经历三代。第一代港口功能定位为纯粹的"运输中心"，提供的服务为船舶停靠、海运货物的装卸、转运与仓储等；第二代港口的功能定位为"运输中心＋服务中心"，提供的服务为货物的装卸仓储、相关的工业与商业活动，进一步增强了港口货物的增值功能；第三代港口功能的定位为"国际物流中心"，提供的服务不仅包括海运运输，在国际贸易当中继续保持有形商品的强大集散功能，并且进一步提高有形商品的集散效率，还增加了集有形商品、技术、资本、信息的集散于一体的物流功能。现阶段，在世界主要港口中，第二代港口仍然是发展的主流。经济全球化的日益加深，市场国际化水平越来越高，使得部分大型港口逐步向第三代港口转型。港口物流的发展经历了从成本理念到利润理念再到综合物流服务理念的过程。其中，成本理念把降低物流总成本作为主要追求，利润理念将获取最大利润作为主要追求，综合物流服务理念一方面追求商品自然流通的效率提升与费用降低，另一方面还不断增强为客户服务的意识。综合物流服务的理念注重经营与管理方式的转变，顺应现代物流的发展要求，在管理与控制的过程中始终围绕客户这一中心，为客户提供满意的物流服务。充分借鉴其他国家港口的发展模式，为我国港口物流的发展提供助力。

（一）鹿特丹港模式

鹿特丹港又被称为"欧洲门户"，靠近世界海运最繁忙的多佛尔海峡，同时也是荷兰与欧盟的货物集散中心。现阶段，鹿特丹港的年吞吐量达到了惊人的规模，已经超过 5 亿吨，鹿特丹港已经发展成为世界第一大港。鹿特丹港口物流的发展经验与模式，具体分析包括以下各项。

1. 多样化的集装箱运输形式

鹿特丹港的集装箱码头是欧洲最大的，利用电脑就能够完成整个装卸过程，集装箱的装卸量拥有非常大的规模。鹿特丹的集装箱运输形式多种多样，包括公路集装箱运输、铁路集装箱运输与驳船集装箱运输等。

2. 港城一体化的国际城市

鹿特丹已经发展成为重要的国际贸易中心，不仅如此，鹿特丹还是重要的工业基地。鹿特丹港实行高度自由的港区政策，逐步发展成为港城一体化的国际城市，不仅具备国际贸易公司，还拥有一条临海沿河工业带，涉及炼油、石油化工、船舶修造、港口机械、食品等多个部门。

3. 现代化的港口建设

鹿特丹港的主轴是新航道，可以按照功能在鹿特丹港设置不同的专用或多用码头，比如干散货、集装箱、滚装船、液货及原油等。鹿特丹港实行"保税仓库区"制度，逐步形成了由港口铁路、公路、内河、管道与城市交通系统以及机场连接的集疏运系统。

4. 功能齐全的配送园区

围绕货物码头与联运设施，鹿特丹港还规划了物流园区，其主要功能包括拆装箱、仓储、再包装、组装、贴标、分拣、测试、报关、集装箱的堆存修理，不仅如此，还计划建设通向欧洲各点的配送站，使得港口物流的功能得到充分发挥。

5. 不断创新的管理机制

在功能方面，鹿特丹港务管理局随时在进行调整，将先前的港务管理功能转变为物流链管理功能，进一步扩大港口区域，增加近海、驳船与铁路等运输方式，提升港口物流的信息化水平，提供增值物流服务。

（二）安特卫普港模式

安特卫普港位置处于比利时北部斯海尔德河的下游，已经发展成为欧洲第二大港，在世界的排名为第四位。安特卫普港接近欧洲主要生产与消费中心，主要做转口贸易，逐渐成为欧洲汽车、纸张、新鲜水果等产品的分拨中心。安特卫普港物流发展的经验与模式，具体分析包括以下各项。

1. 完善的交通网络

安特卫普港与世界上100多个国家和地区发展了经贸关系，通过多条班轮航线，连接了世界多个港口，水运连接陆运，其中，陆运的核心是高速公路和铁路，形成了完善的交通网络。

2. 良好的硬件设施

安特卫普港拥有众多专业码头，主要涉及汽车、钢材、煤炭、水果、粮食、木材、化肥、纸张、集装箱等，拥有各式各样的仓库和专用设备，同时还建设了工业开发区，包括炼油、化工、石化、汽车装备与船舶修理等。

3. 现代化的信息服务

安特卫普港配备了现代化的EDI信息控制与电子数据交换系统，使用"安特卫普信息控制系统"（APICS）。对于私营行业来说，常常使用"安特卫普电子数据交换信息系统"（SEAGHA），这一系统能够连接海关使用的"SADMEL系统"、比利时铁路公司使用的"中央电脑系统"等。

（三）新加坡港模式

新加坡港可以说是世界最大的集装箱港口之一，同时也是亚太地区最大的转口港。新加坡港连接太平洋、印度洋，是国际著名的转口港。目前，新加坡港已经发展成为世界上最为繁忙的港口，其共有航线250多条，业务往来涉及世界上80个国家和地区的130多家船公司。从某种意义上来说，世界现有货船一年之内都会在新加坡港停泊一次，相当于每12分钟就有一艘船舶进出。新加坡港有着"世界利用率最高的港口"的美誉，共设有三个配送中心：巴西班让、三巴旺码头与炭巴配送园。其中，港区内最为便捷的集装箱配送中心是炭巴配送园，提供的服务主要包括拆拼箱、运输以及货物测量、贴牌与包装等；散货分拨中心是三巴旺码头，业务涉及处理汽车、钢材与重型设备等货物；专业的汽车转运中心是巴西班让。其港口物流发展的经验与模式，具体分析包括以下各项。

1. 以新加坡港口为代表的各方共同管理模式

目前，世界上最为普遍的港口管理模式是各方共同管理模式，这种模式也是实行政府与国有企业管理模式的港口改革发展的目标。各方共同管理模式也可以称为港口的民营化。各方共同管理模式要求政府、国有企业、私人企业共同进行港口的投资建设与经营管理，改变原先由国家或政府单独管理港口的模式，在很大程度上避免政府直接参与港口管理出现的问题，进一步提升港口服务的质量。港口股份制改革带来了一系列的积极影响，进一步增强了港口企业员工的服务意识，提升了服务质量；有力地促进了新加坡港的发展，有效提升了港口运行的效率，同时也使得港口运行的成本有所下降。新加坡港口的股份制与政府投资制度、中央管理制度、自由港政策，这些因素都在一定程度上保证了新加坡港的国际航运中心地位。

2. 新加坡港口物流运作模式——供应链型与联合型物流中心模式

所谓的供应链型物流中心模式指的是由港口物流企业与航运物流企业共同组建物流中心，利用各自在供应链不同位置的优势，分工合作，共同投资建成紧密型物流集团。所谓的联合型物流中心模式指的是由港口与保税区，或者与所在城市共同组建的物流中心进行经营。新加坡港最先创造与发展了供应链型与联合型物流中心模式，因此，供应链型与联合型物流中心模式也叫作新加坡港物流运作模式。该模式包括以下特点：第一，实行自由港政策；第二，政府负责港口基础设施的建设；第三，物流管理分工明晰，集约经营；第四，积极培育港口物流链；第五，物流运作与管理高度现代化；第六，物流服务的形式多样化。

3. 新加坡港——交通枢纽型港口

新加坡港具有重要的地位，可以说是国际航线的交通枢纽，为与国内外各地区的经济联系及运输服务提供了便利条件，从这个角度来看，新加坡港的区位优势非常明显，有利于新加坡港口物流的发展。新加坡港腹地经济非常发达，主要包括服务型企业、加工型企业、第三方物流企业。此外，新加坡港的对外交通非常便捷，公路网连接港口，海运铁路联运网也非常高效，形成了四通八达的航线网，能直接将集装箱运往内陆城市。新加坡港的硬件设施也是非常完备的，拥有大型的集装箱码头、专供货物装卸、存储、中转的起重与运输设施、仓库和货场。新加坡港能够提供特色的服务，具有良好的通关条件、优质的服务体系。

（四）港口物流发展模式综合特征

通过上述四大港口发展经验与模式可以看出当前港口物流发展的主要特点与趋势，港口物流是一个涉及信息化、自动化、网络化等层面的综合体系。综合来看，港口物流的发展具有以下四方面的发展趋势。

1. 整体化

随着全球经济一体化的深入发展，物流的发展方向也有了新的变化，转变为集约化、规模化、整体化的发展方向。现代港口物流要坚持整体的系统观念，一方面要注重港口的运作发展，更重要的一方面是在发展港口的基础上辐射到与港口贸易有关的各方面，在一定程度上整合港口物流产业内部，加强与陆路、航空运输的合作。

2. 一体化

进一步拓展港口物流的服务功能，依托港口附近的物流园区，开展"一体化"的物流服务。在腹地运输、拆装箱、报关、报验、包装、质量控制、库存管理、订货处理与开具发票等方面，开展相应的增值服务；在金融、保险等方面提供相应的服务；在港口、海运及其他运输过程中，提供货物最佳物流方案。

3. 高科技化

在港口物流当中，应用高科技的力度不断加大。港口物流先进技术包括条形码技术、自动识别技术、自动分拣技术、卫星定位技术、自动仓库、集装箱电子识别技术、物流仿真技术、辅助决策技术等，广泛应用在港口物流领域。先进技术的应用改变了港口物流的发展模式，传统的劳动密集型逐渐转变为技术密集型，实现了"传统港"向着"智能港"的跨越。港口物流运作方式越来越现代化，物流设备越来越自动化、电气化，有效增强了港口物流的竞争力。

4. 信息化

在港口物流信息平台的基础上，港口物流建成了四通八达的信息网络，在很大程度上提升了信息交换的效率。不仅如此，港口物流还进一步发展了电子商务，增加了网上报关、报检、许可证申请、结算等网上服务。在信息网络的支撑下，腹地范围不断拓展，为信息共享提供了便利条件。信息与通信技术越发达的港口，其发展优势就会越明显。

六、我国港口物流发展产生的影响

（一）我国港口物流对区域行业的拉动

随着港口现代物流功能的不断拓展，对港口所在城市的工业发展、服务业的发展都起着巨大的促进作用。港口城市向区域经济中心发展，随后又凭借港口城市所具有的中心带动作用，对区域经济发展进行推动。港口物流对区域经济发展的拉动主要体现在对区域相关产业的拉动上。

1. 对仓储业的带动作用

90%的世界贸易都是通过海运进行的，进出口货物中的绝大部分，都是依靠港口中转完成集散。因为港口有着密集的船舶与货物，所以各种运输方式无法直接进行衔接、协调，必须发挥仓储的作用。此外，港口的一项重要功能便是"仓储"，同时"仓储"也是构成现代物流的重要部分，其必将随着港口的发展而发展。

2. 对配送、陆上运输业的带动作用

因为港口功能逐渐转变为物流体系，为了使货物的配送、集散得到更好的实现，必须具备一流的搬运机械、装卸机械，比如具备一支十分专业的、训练有素的陆上运输队伍。在发展配送业、陆上运输的过程中，港口为之带来了巨大的发展空间。

3. 对包装、流通加工的带动作用

所谓流通加工，指的是在工厂外对货物进行组合、装配以及除此之外的附加工作。集装箱运输非常讲究包装，所以在对包装进行设计时，必须对运输装卸的方便性、运输方式的适应性予以考虑。同时，在销售产品时，也要对包装是否能适应市场予以考虑。所以，为了让运输流通更便捷，进一步推动商业销售，实现商品、货物的附加值提升，包装工作以及流通加工工作是必不可少的。港口业的发展，必将对流通加工与包装的发展起到带动作用。

4. 对信息服务产业有带动作用

信息时代孕育了现代物流。将物流中心建立在港口城市，对促进以港口为中心的信息交流可谓大有裨益。对于未来港口城市来说，现代化的信息服务系统将成为其竞争焦点。在物流中心、枢纽港，汇集了海运、内陆运输、包装公司、商品批发零售、船舶代理、货运代理、货主、船东、配套服务机构以及政府机构，有着全面且集中的各类信息。想要发展现代物流，就要保证如下前提：在各个环节，有关信息都能实现快速且准确的传递。为此，我们必须着力建设信息系统，发展网络技术。信息中心具有枢纽作用，能与各方进行联系。网络化、国际化物流中心的建设也是一大有利时机。港口城市应牢牢把握机遇，实现港口与港口城市信息化水平的大幅提升，从而在未来竞争中抢占优势地位。为此，我们应当对与物流有关的信息咨询业与信息服务业予以大力发展。

5. 对商贸的带动作用

港口货物的信息服务、流通加工、路上运输、仓储配送、集散等在发展的同时，也实现了人气聚集，对当地贸易的发展，特别是加工贸易的发展予以带动，已然成为港口城市的一大新的经济增长点。

6. 带动地区金融、保险业的发展

拥有港口的现代港口城市，一方面要有相应的基础设施，如交通电信、供油、供水、供电等；另一方面其保险业务、金融业务也要十分发达，能够对财产保险、船舶保险、离岸金融服务、融资等服务予以提供。伴随上海航运中心的逐渐形成，上海国际航运业不断发展，日渐增多的是海事仲裁与海上保险方面的需求。所以，我们必须对海事仲裁中心以及海上保险市场进行建设与完善，同时要形成遵照国际惯例办事的海外服务机构，以及不断完善相关口岸监管部门（如一关三检等）。

7. 带动旅游、宾馆餐饮业、房地产业的发展

我们要依照"百年大计、世纪精品"的要求，对未来港口城市进行高水平、高标准的规划与开发，使其成为旅游风景、城市功能、城市建筑、城市规划的杰作。我们要对具有强烈海派风情的水岸景观进行创造，对海内外航运企业及有关企业加以吸引，使其在城市水景生态园入驻，愉快地工作、生活。港口城市还应对宾馆、餐饮、娱乐、旅游等进行发展，一方面对公司业务人员、船员娱乐休闲的需求予以满足，另一方面也让自身成为游客、市民旅游度假的场所。此外，港口城市也要对滨海城市的房地产业进行大力发展，对大学毕业生、有识之士落户的需求加以满足。

8. 带动修船、备件服务行业的发展

来自世界各地的船舶都汇集于港口，势必出现船舶备件、修理的相关需求。因此，港口物流也会对港口所在区域备件、修船服务业的发展产生带动作用。

9. 提供就业机会，带动教育培训事业的发展

建设发展港口，对调整城市产业结构将起到促进作用。现如今，生产力水平不断提升，各项产业的发展都被带动起来，城市的就业机会也日益增多，一方面大大提高了人民群众的生活质量，另一方面也对各种人才以及有识之士产生吸引，使他们在港口城市汇聚，为城市的建设事业投入力量，此外，对人们不断在工作中汲取新文化、积累新知识也很有帮助。总而言之，港口物流对区域经济发展予以带动，而区域经济发展也对港口物流的发展起到推动作用，二者之间既相互制约又彼此促进。

（二）我国港口物流对区域经济的贡献

港口物流对经济有很大贡献，我们可以对其进行简单划分，其贡献包括社会效益贡献、直接经济贡献以及间接经济贡献。港口实际上属于生产部门，具有生产效益，然而它也有着特殊性。港口紧密联系着社会经济各个部门，其所创造的

社会经济效益，要远甚于生产效益。所以，当我们在研究港口的经济贡献时，除了要看到它所产生的直接经济效益，更要看到港口对其他部门进行服务所产生的社会效益以及间接经济效益。

1. 港口物流对经济的直接贡献

港口物流的发展能够对本区域的基础设施建设起到直接推动作用。根据世界银行研究，港口、机场、道路等基础设施建设显著影响着一个区域的总产出，公共基础设施与区域经济发展之间的关系是正相关的。所以，公共设施（港口、道路等）的需求将因港口经济的发展而大幅增加，换言之，港口经济的发展会对大量外来投资进行吸引，对相关配套设施建设以及有关基础设施建设予以直接推动，进一步增强经济发展与城市建设之间的良性互动。同时，港口经济对关联行业的发展也起到带动作用。港口的发展需要口岸、信息、代理、保险、金融、贸易、加工、物流、运输、仓储等相关服务的支持，相应的也会对上述产业发展起到极大的带动作用。现如今，我国沿海地区已然有着最繁荣的服务业、最发达的现代制造业，在整个国家经济的发展远程中，直接提供助推动力，对我国经济与世界经济的联系予以强化，进一步提升国际分工中我国所处的战略地位。

总的来说，港口物流对区域经济的直接贡献，指的就是通过港口生产直接获得的经济效益。国民经济、地区经济中包括港口，其也会产生国民收入、国内生产总值、就业机会，也会将税收上缴国家。所以，我们可以用如下指标对港口的直接贡献进行衡量：国民生产总值的增加值、客运周转量、货运周转量等。

2. 港口物流对经济的间接贡献

港口物流对区域经济的间接经济贡献，实际就是港口的发展与生产对其他部门的发展予以带动、促进，从而产生的效益。具体来说，包括如下几部分。

（1）由于增加就业人员，提高其薪资待遇，带动消费增长，继而对经济增长予以促进。

（2）基于港口发展，能及时运送货物，继而得到的市场效益、生产效益，以及因为客运时间的缩短而获得的时间价值。

（3）促进港口所需产品的生产部门发展，继而获得的经济效益。

（4）带动以港口生产为中间产品的其他部门发展，继而获得的经济效益。

总的来说，除了核心活动外，港口还有很多扩展经济活动，其带来了港口的间接经济影响。其中，基于港口的物流活动、临港工业活动以及贸易活动是这部分活动中的典型代表。

3. 社会效益

港口的社会效益，指的是港口发展极大地推动了地区繁荣，其主要涉及以下几部分内容。

（1）基于港口发展的经济迅速发展与经济结构变化。

（2）基于港口发展，对投资产生吸引，促进地区繁荣。

（3）基于港口发展，对投资产生吸引，增加当地税收。

（4）基于港口发展，对投资产生吸引，大幅提高了港口或腹地周围土地价格。

（5）基于港口发展，社会更加稳定、就业机会进一步增多、外来人口增多，继而产生观念、习俗、文化等方面变化。

我们难以量化港口的社会效益，然而能够明确的是，其深刻而长远地影响着地区发展，且这种影响是其他部门不能替代的。

七、我国港口物流发展的战略

（一）我国港口物流发展的指导思想

我国港口物流发展战略的指导思想，是以国家基本方针、总体规划以及宏观经济状况为前提，紧紧围绕实现现代化、全面建成小康社会的目标，对港口所具有的比较优势进行充分发挥，对市场机制予以不断完善，努力将有着宽广覆盖、合理布局、先进技术、完善功能，能够实现高效运转的港口综合物流产业体系建立起来。

1. 要服务全国经济与提高整个社会生产力

不断提高的生产力对社会分工提出了更加细化的要求，新的产业也由此诞生，促使劳动生产率进一步提升，社会经济不断发展。在生产力不断提高、经济高度发展的社会条件下，现代物流应运而生。物流以促进经济与社会发展，实现社会生产力的提升与流通成本的降低为根本目的。而我们着力发展港口物流、促进经济与社会发展，也是以该根本目的为基础。因为港口物流服务能够对那些以港口及其腹地为目的地、出发地，或是经过港口及其腹地的商品进行吸引，使其得到物流服务，继而让港口物流产业转变为新的经济增长点，最终对社会生产力进行提升，对经济与社会的发展给予助推动力。

2. 用创新精神加快港口物流的发展

港口应当进一步实现观念的转变、认识的提升，通过创新精神使港口物流发展进一步提速。近年来，我国港口对现代物流观念进行引入，在港口物流方面获得长足进步。然而，我们也要看到，仍有很多方面仍囿于传统物流观念影响，未能对现代物流的科学内涵进行全面而深入的认识，甚至提到物流，只觉得是圈一些地搞物流园地，将小而全、大而全的物流中心建立起来就行。

之所以陷入这样的误区，主要是因为人们未能正确认识传统物流与现代物流的差别。实际上，传统物流与现代物流之间最大的差别，就是现代物流优化了路线，整合了物流链上的各环节，实现了环节与环节之间的无缝衔接。当然，最为关键的一点在于，现代物流的链接、整合，都是借助信息技术的力量实现的，并非仅仅简单地搭建几个物流中心、物流园区就能完成。因此，对现代物流进行发展，绝不能片面地追求建设更多物流园区，否则将导致严重的重复建设，造成资源浪费。港口要进一步对观念进行转变，对认识加以提升，依托创新精神，促进港口物流发展。

（1）创新观念

港口物流的发展应当对传统观念予以转变与创新。我们要将竞争统一观念，树立起大经济腹地观念、大市场观念；针对经营战略领域，要将主攻方向瞄准为港口物流信息系统的完善以及对港口分拨、仓储、中转功能的开拓，力求实现经济合理、快捷准时、柔性服务。

（2）创新技术

现代港口不再仅仅是对货物储存、装卸服务进行提供的有形实体场所，而是渐渐成为建立在信息资源基础之上的，涵盖全球范围的物流市场，其服务内容在整个供应链都有涉及。所以，不仅要对物流效率、质量进行提升，对港口装备水平进行提高，还要通过信息化建设对港口物流现代化建设进行促进与带动，对现代科技装备以及现代科技手段进行应用，实现港口物流进一步发展。

（3）创新体制

如前所述，高度发展的生产力与市场经济孕育了现代物流，因此，所有涉及现代物流的企业与部门都要彼此合作、协调一致、统一政策，这样才能真正促进我国港口物流发展。然而，现如今，无论是经营企业还是物流管理部门，都有着各自为政、条块分割等问题，我们需要依靠深化改革，一步步将这些问题加以解决，支撑港口物流业发展。例如，各口岸海关必须坚持依法行政，实现工作效率进一步提升，稳妥而积极地将海关通关作业改革引向纵深。

（4）实现人才创新

当前，从整体来看，我国物流领域的从业人员并未具有较高的业务水平与专业知识水平，急缺相关专业人才，而这也制约着我国港口物流发展。所以，想要实现港口物流的良好发展，我们应当多管齐下，对物流经营管理的专业人才进行培养与引进。

3. 按照可持续发展观来发展港口物流

无论何种事物的发展，都既有利处，也有弊端，现代港口物流的发展自然也不例外。虽然其促进流通费用降低，进一步推进经济发展、生产力发展，然而同时我们也要看到，其仓储、装卸、运输等物流环节，严重危害环境，对经济的可持续发展予以破坏。现如今，我们提倡绿色发展，要在人与自然和谐发展的基础上实现经济发展，作为经济体系中对消费与生产进行衔接的重要经济环节，港口物流业也必须遵循可持续发展原则，尽最大努力发展为绿色物流。

那么，究竟何为绿色物流呢？其指的是以资源消耗的减少、对环境污染的降低为目标，对先进物流技术加以利用，实现可持续发展、协调发展、资源再利用的物流。然而，现如今，我国现代物流仍旧处于起步状态，相较于国际上的先进物流国家，我国在绿色物流方面可谓相差甚远。这些差距主要表现在技术方面、政策方面与观念方面。

我国想要实现港口物流业的进一步发展，就要在全球经济一体化的机遇中，在环境壁垒渐起的挑战中有所作为，最终占有国际市场的一席之地。我国要将可持续发展作为指导思想，将绿色物流观念尽快树立起来，对与之相关的法律、政策予以建立健全，不断对技术进行改进，最终实现环境效益与港口物流经济效益的最优化。

（二）我国港口物流发展的基本原则

为实现国际物流市场中我国港口物流影响力、竞争力的进一步提升，在对港口物流发展战略进行制定时，我们要遵循如下原则。

1. 统筹规划、合理布局原则

现如今，从整体来看，我国港口物流产业没有统一的规划，导致部分港口只看到眼前的短期经济效益，而不顾实际情况，盲目开展项目，对物流中心、物流园区、物流基地进行建设，造成港口物流业出现"小、乱、散"的不良格局，非常不利于提高物流效率。例如，青岛港、大连港、天津港等几大环渤海港口，由于渴望在激烈竞争中占据优势，纷纷展开硬件设施建设竞争，结果是导致严重的重复建设，造成大量资源浪费。

实际上，青岛港、大连港、天津港完全可以立足自身所具有的独特优势，如天津港经济腹地态势良好、大连港有着很好的泊位深水条件等，对环渤海湾的港口物流进行统一规划、统一发展，促使国际竞争力实现提升，将东北亚国际物流枢纽地位确立起来。

尽管港口物流属于独立产业，然而却极大地关联于其他产业，涉及多个部门（如外贸、商检、海关、税务、工商、交通等）。然而，当前上述相关部门处于部门分割、独立运作、自成体系的状态，很难实现港口物流成本降低的目的。

想要对上述问题加以解决，促进我国港口物流业进一步发展，国家及各级政府要对经济发展中港口物流所处的位置进行准确把握，对各部门的职能及部门之间的关系加以协调，将促进物流发展的措施、意见与政策制定出来，尤其要对港口物流发展的规划进行科学、合理制定。当然，最关键之处在于，在对规划进行制订的过程中，要始终遵循合理布局、统筹规划原则，确保该规划一致于全国、全省国民经济、社会发展规划，协调于各地区总体布局、规划。

2. 积极与国际接轨原则

受到全球经济一体化趋势影响，港口物流必将向系统化、规模化、国际化发展。然而，现如今我国港口物流业的系统化、规模化、国际化程度不高，迄今为止，我国还没有能成为国际物流枢纽的港口，未能在激烈的国际竞争中占据优势地位。

想要与未来经济的发展趋势以及经济全球化相适应，我国在发展港口物流的过程中，就要积极遵循接轨于国际的原则，进一步强化对外开放，主动向那些有着物流发展较好的国家汲取经验，对国外先进物流技术进行引进，合作于那些港口物流业发展较好的港口，从而推进港口物流的国际化进程。

3. 科技兴港原则

我们都知道，科学技术是第一生产力，在经济发展的过程中，它是重要助推动力。自然，港口物流的发展也需要科学技术的支持。步入知识经济时代，发展港口物流的一大助推动力、一大关键因素就是"科学技术"。发展科学技术，能够对港口物流的发展进行有效带动。如果科学技术落后，那么港口物流的发展自然也会受到阻碍。之所以香港港能跻身世界一流港口，不仅源于其政府的大力扶持，也不仅源于其有着天然深水良港优势，最重要的是其采用先进科学技术（如人工智能、自动化控制技术等）以及应用先进物流设备。

因此，在发展港口物流的过程中，我们要始终依照科技兴港原则，进一步投入科技力量，以先进实用技术为支撑，以高新技术为重点，将现代信息技术作为先导，将良好的发展环境提供给港口物流。

在这里，我们简要介绍几种主要的先进物流技术：其一，搬运、装卸、运输技术；其二，仓储技术，包括条形码、分拣、托盘、货架、自动化立体库、识别系统等；其三，管理软件，包括标准化技术、供应链管理系统、仓库管理系统、运输管理系统、商品销售管理系统、POS（销售终端）技术等；其四，物流信息化技术，包括智能卡、条码、地理信息、卫星定位、电子数据交换、网络等。

4. 以市场为导向、政府规划扶持、企业运作的原则

实现港口物流的发展，要坚持以市场为导向、政府规划扶持、企业运作的原则。

在资源配置中，市场起到决定性作用，这是市场经济的基本原则。尽管市场的主体是企业，然而我们都知道，市场经济具有盲目性，所以政府也要发挥自己宏观调控的作用，将与经济发展相关的发展规划、政策、法律制定出来，从而对

市场经济的盲目性进行克服，确保经济能够持续、健康发展。港口物流这一新兴产业诞生于市场经济大背景之中，因此也要对此原则予以遵守。

从整体来看，不难发现，上述四项原则可谓相辅相成。统筹规划、合理布局原则是港口物流发展的基础与前提；积极与国际接轨原则是港口物流发展的外在动力；科技兴港原则是港口物流发展的关键；以市场为导向、政府规划扶持、企业运作原则是港口物流发展的手段。唯有将上述四种原则有机结合，才能实现我国港口物流更好、更快发展。

（三）我国港口物流发展的战略目标

1. 基本要求

经济发展战略要以制定科学合理的经济发展战略目标为核心。经济发展战略目标集中反映战略思想，拥有层次性、综合性、长远性、全局性。港口物流战略目标的定位应对以下几点予以注重。

（1）从当时、当地情况出发，立足实际对发展战略目标进行制定。一方面，制定的战略目标要现实可行；另一方面，也要具有一定难度与竞争性。这是因为，如果制定了过高的目标，难免与实际情况相脱离，根本无法实现，导致人们对发展失去信心；但如果目标制定得太低，竞争性不足，人们的创造性、积极性就难以得到调动。因此，各地区都要从自身实际情况出发，对港口物流战略目标加以制定。

（2）制定港口物流发展战略目标的过程中，应当分清主次，对重点进行突出，不能盲目建设，否则便会浪费资源。例如，在对长江三角洲地区港口物流进行发展的时候，并非要将所有港口都发展成物流中心，而是通过对上海优势进行发挥，将发展战略目标重点定位于上海国际物流中心的建设。

（3）要保证港口物流发展战略目标的相互协调与衔接。由于经济发展展现出关联性、继承性、持续性的特点，所以各时各地的经济发展目标都要相互协调、衔接。

2. 总体目标

伴随我国货物运输集装箱化程度进一步提升、进出口商品结构进一步优化、出口加工业进一步发展，国际集装箱货运量相较以往，一定会大幅上涨，将巨大的潜在市场提供给港口物流服务。立足上述国际形势，同时从我国国内实际情况出发，我国应当对港口物流发展的总体战略目标进行如下定位：将全国经济的影响力、竞争力作为战略目标，对各地区港口的区位优势进行发展，积极主动地对先进物流管理技术与装备进行采用，建立多层次的、接轨于国际通行规则的、与市场经济规律相符合的现代港口物流产业群，确保经济合理、准时快捷、物畅其流。

（1）对我国物流市场的需求潜力进行充分发挥，将一批具有影响力、竞争力及相当规模的优势港口物流企业迅速培养起来，形成一批有着较强集聚辐射功能的国际港口物流枢纽。

（2）立足整体层面，要依靠枢纽港或重要经济区域，将接轨于国际的、有着一定国际竞争力、适应于我国经济发展水平的完善的物流服务网站建立起来。此外，还要通过港口物流的信息化、科技化、市场化，保证港口物流运作各个环节之间有着顺畅的衔接，保证各港口之间能流畅地交流互动，最终使物流运作效率得到提升。

（3）着力建设能对港口物流高效运作起到支撑作用的，高标准、高起点的物流信息系统以及基础设施。要将适应于港口物流产业发展的法律制度、政策体系制定出来，强化培养物流人才，实现从业人员总体素质的提升，将良好的软硬件环境提供给港口物流，促使其发展，帮助其成为具有自我发展能力的，有着齐备的功能、高效的配置、合理的布局的新兴产业。

3. 区域规划目标

立足宏观视角，我国应当以珠江三角洲、长江三角洲以及环渤海三大港口群为区域定位，对港口物流发展进行划分。

一方面，如前所述，统筹规划、合理布局是我国发展港口物流过程中应当遵循的一项原则。因此，在进行目标定位时，我们也要将合理布局的港口群作为标准。唯有如此，才能促使港口物流迈向健康、合理的方向。目前，我国沿海三大港口群的合理布局已经基本形成，因此，立足合理布局层面，我国应当以珠江三角洲、长江三角洲、环渤海三大港口群为区域战略，对港口物流发展目标进行定位。

另一方面，区域目标应当一致于总体目标。如前所述，通过对我国港口物流发展总体战略目标进行分析，其中非常重要的一点就是，要依托于枢纽港以及重要经济区域，将接轨于国际、具有一定国际竞争力、适应于我国经济发展水平的物流服务网络建立起来。当前，珠江三角洲、长江三角洲、环渤海三个区域，不仅是我国经济发展的重要区域，更将大部分枢纽港包括其中。

（1）环渤海地区港口物流的战略目标定位

对青岛港、天津港、大连港的联合予以强化，着力将东北亚国际港口物流枢纽建立起来。在过去十几年的建设过程中，环渤海地区各个港口发展十分迅猛。现如今，已经建成了以青岛港、天津港、大连港为中心港口，以烟台港、秦皇岛港、营口港为辅助性港口的港口运输体系。其中，最具实力的港口为青岛港、天津港与大连港。

（2）长江三角洲港口群港口物流的战略目标定位

长江三角洲位于太平洋西海岸，是欧亚大陆桥与中国长江、沿海通道的汇集点，包括上海、浙江、江苏，在全国范围内，有着最快的经济发展速度，强有力地带动着中国经济增长。在长江三角洲港口群中，主要的枢纽港为上海港，中转枢纽港为宁波—舟山港，其支线港为镇江港、南京港、温州港。正是由于经济地理位置优良，长江三角洲的港口物流拥有庞大货源，且不断提升着集装箱与货物吞吐量。

（3）珠江三角洲港口群港口物流的战略目标定位

珠江三角洲位于东南亚与中国内地的中心，能够通过澳门、香港地区与世界相连。当前，珠江三角洲以珠海、广州、深圳为骨干的港口群已经形成，拥有以珠江为中心的石油与散货港口以及以广州、深圳为中心的集装箱港口。经过多年的发展，珠江三角洲港口群将完善的海、陆、空交通网络建立起来，形成的运输辐射面非常全面。不过，我们也要意识到，在港口物流发展方面，珠江三角洲港口群仍有很多问题亟待解决。

其一，相较于长江三角洲与渤海湾，珠江三角洲为港口物流发展提供的经济腹地面积稍显逊色。

其二，出海航道水深不足。例如，广州港出海航道水深仅为 11.5 米，如果船舶为5万吨，那么只能乘潮进海港或出海港。

其三，缺乏专业化码头。

综合珠江三角洲的优势与存在的问题，其港口物流业发展目标应定位如下：加快港口基础设施建设速度，强化自身与其他经济地区联系，对港口综合竞争力进行提升，尽最大努力将珠江三角洲建设为国内华南地区港口物流基地。

从整体来看，珠江三角洲、长江三角洲、环渤海三大港口群有着相互联系的发展目标，其都置身于中国经济发展环境之中。因此，各地区不能为实现自身发展目标而各自为政，甚至开展恶性竞争，而是应当彼此合作、协调发展，实现共同进步，最终促进我国港口物流快速而健康发展。

（四）港口物流发展战略中存在问题与解决对策

现如今，社会各方面都对我国港口物流高度重视，因而我国港口物流也实现一定发展，取得一定成绩。但是，不容忽视的是，我国港口物流发展仍有很多问题尚未解决。例如，较低的物流装备条件水平与基础设施水平、急缺专业从业人员，等等。想要对上述问题加以解决，在发展港口物流的过程中，就要对以下几方面予以重视。

1. 进一步完善港口物流基础设施的建设

港口物流发展，以港口基础设施为物质前提与保障。港口物流的快速发展，需要良好的基础设施，如若不然，其发展就会受到制约。近年来，为发展现代港口物流，我国加大港口基础设施建设投入，也收获一定成就，为发展我国港口物流打下坚实物质基础。

然而，研究、分析我国基础设施建设结构可知，其中仍存在不少问题。例如，尽管现在有着较多的港口码头数量，然而仍旧缺乏大型深水码头，缺乏专业化码头。伴随不断增加的全国物流需求，港口物流运输的船舶发展方向必将是"大型化"。现如今，位于主导地位的集装箱船舶向第五代、第六代方向发展的目标已经完成，集装箱船舶发展也不断对港口仓库基础建设、装卸设备、航道、码头泊位等方面提出新的迫切要求。

为对上述要求予以满足，众多国家、地区马不停蹄地进行新一轮港口基础设施建设。在此，我们以鹿特丹港为例，其已将 16.5 米、19 米深的深水码头建设完毕，同时对智能化装卸设备进行应用，装卸更加高效，货运周期被进一步缩短，物流成本也得到了更大的压缩，从而更好地满足集装箱船舶大型化的发展需求。然而，回看我国，大多数港口没有加大力度建设基础设施，导致基础设施建设发展缓慢，仅仅能够对第三代、第四代集装箱船舶的要求予以满足，无法与新的发展相适应。

针对上述问题与不足，我国港口应下大力气建设港口基础设施，从而实现港口物流的高效运作，切实发挥在物流干线中港口所具有的中心作用，最终与现代物流运输的发展相适应，满足船舶大型化对港口提出的新要求。

2. 加快港口物流的信息化建设

作为现代信息技术，物流信息技术主要涉及现代卡、条码、地理信息、卫星定位、电子数据交换、网络等多方面。我们都知道，港口物流信息化建设过程并不简单，具有复杂性，其旨在对当前需求予以满足、为未来发展提供助力、对港口物流的高效运作提供保障。因此，在推进港口物流信息化建设的过程中，我们要立足实际，从港口未来发展目标以及现有基础条件出发，对能够提升竞争力且配套于港口基础设施的信息系统装备进行配置。

3. 加快港口物流专业人才的培养

改革开放之前，我国基本未建立健全的物流教育体系，各高等院校仅仅对部分相关于物流的专业，如交通运输管理、材料管理、物资管理等专业进行设置。之所以设置这些专业，主要为了将管理人才培养给中央与地方物资行业部门，因而，其所培养的人才仅仅对物资行业部门的相关知识进行学习与掌握。

步入 20 世纪 80 年代后，我国对物流这一概念进行引进，而直到 20 世纪 90 年代末，我国物流专业教育才正式迈出脚步。到 2002 年，仅有 9 所高校得到教育部批准，对物流工程或物流管理本科专业进行设置。就当前来看，全国范围内，对港口物流专业进行开设的学校乃较为少见。

所以，我们要将多层次的学校教育体系建立起来，着力培养相关专业人才。我们要对物流教育资源现状进行考虑，对未来与现在的发展予以兼顾，坚持综合发展，培养各类型人才，并使之有着协调的比例。目前，我国港口物流教育应当以普通高等教育为主，并朝职业教育积极发展。

普通高等教育所培养的，是高级物流人才，其具有良好外语沟通能力，对国际贸易专业知识十分精通，能熟练掌握物流信息技术，有着丰富的物流管理理论知识积累。具体来说，本科教育是对善于决策、长于策划、精于管理的港口物流人才进行培养；研究生教育则是对高校师资、科研人员以及高级管理人才进行培养。

当然，与此同时我们也要看到，运作、发展港口物流产业，除了对高级物流人才有所需求，也需要一线实际操作人员、基层领导者以及各项具体工作的执行人员。这些人才必须具备娴熟的操作技能，所以，中等职业院校与高等职业院校应负责对其进行培养。

此外，港口物流专业也应当对继续教育与职业培训进行强化。在政府指导下，我国物流业应当对社会各方力量进行调动，对规范化的继续教育、岗位培训，尤其是资质证书教育进行组织。当前，我国存在着快速增长的人才需求与匮乏的物流人才之间的矛盾，而想要解决这一矛盾，对物流企业的用人需求予以满足，不能单纯依靠学校教育，我们还要在学校教育之外将职业培训、继续教育补充进来。同时，由于我国社会经济不断发展、科学技术日新月异，哪怕从业者之前接受过高等教育，也不能止步于此，要树立终身学习意识，不断进行知识更新、技术更新。

4. 加快港口物流的联盟

面对当前愈发激烈的国内外市场竞争，我国必须强化港口物流联盟建设，实现我国港口物流实力提升。

港口物流发展受到众多因素影响，而其中影响最直接的，当属"航运变化"。如前所述，当前集装箱船舶向着大型化发展，特别是投入使用第五代、第六代集装箱船舶后，对港口当前物流基础设施状态的改善提出了迫切要求。但是，改善港口物流基础设施并非一朝一夕就能完成的，其具有周期长、投资大的特点。因此，港口可以对多种合作方式进行采用，如与货源地、其他港口、船运公司建立联盟等，对这种变化进行适应，最终对物流发展起到助推作用。

当前，我国不断扩大港口开放程度，这也意味着会有更多的国外港口物流企业来到中国，成为物流市场竞争中的一分子。而我国相较于国际先进的物流企业，实力仍略逊一筹。此外，很多欧洲国家为了实现竞争力的提升，开始探索港口物流联盟之路。假如国外物流联盟向中国市场渗透，可想而知，中国港口物流市场所面临的挑战将有多么严峻。因此，我国必须加快港口物流联盟建设的脚步，更充分地应对国际压力、迎接相关挑战。

推动港口物流联盟建设，可以有效防止如今国内市场中的恶性竞争。现如今，我国同一港区与不同港区都存在着十分激烈的市场竞争，彼此竞相降价，只为了对市场份额进行抢占。还是以天津港、青岛港、大连港为例，这北方三大主要港口之间竞争异常激烈，为了对更多的客户、客源进行争取，它们进行激烈的价格战。我们要认识到，这种竞争使得我国港口物流发展质量大大下降，对我国港口物流在国际上参与竞争有着十分不利的影响。

假如每一个港口都盲目发展建设，必将导致重复建设、资源浪费。为解决这一问题，各港口应当立足所处地区特点，强化港口联盟，真正实现港口与港口之间优势互补，最大化利用资源，防止浪费问题。

通过分析中国港口分布特点以及中国当下港口物流业竞争激烈的局面，可以得出，强化港口联盟这一策略最适合我国。唯有如此，方能促使我国港口物流业实现质的飞跃，早日完成战略目标。

港口物流联盟有着多种方式，如港口与腹地及用户联盟、港口与货源联盟、港口与空中运输联盟、港口与海上运输联盟、港口与陆地运输系统联盟以及港口与港口联盟，等等。

（1）港口与港口联盟

物流联盟中，港口与港口联盟这种方式最为常见，其有着广泛范围，不仅包括同一区域内的联盟，也包括不同区域的联盟；不仅包括同一国家内的联盟，也包括不同国家之间的联盟。然而，立足当前各国实际情况，"同一区域内港口联盟"被采用得最多。其能够避免港口之间的激烈竞争，真正实现合理分工、取长补短，对现有资源进行共享，从而进一步降低该地区物流成本，实现竞争力与物流效率的提升。

（2）港口与航运公司联盟

海上运输承担着 90% 的国际货运量，因此，港口物流的良好运行极大依赖着海上航运。然而就当前来看，航运公司联盟的强化，帮助航运公司掌握了市场主动权，能够从更大范围选择停靠港口，继而将更大的压力施加给港口物流的发展。假如一个港口不再被部分航运联盟公司选择，失去了其船舶停靠，那么就等于流失了大量货源。为防止出现上述问题，港口可以联盟于航运公司，并且可以采用多样化的联盟方式。例如，港口和航空公司可以共同参股，对港口运营进行经营，还可以在经营管理、基础设施建设等方面进行合作，等等。

（3）港口与货源联盟

伴随经济不断发展，为使自身产业流动速度进一步提升，对产品在流通领域的流通费用进行缩减，企业渐渐选择依靠第三方物流完成流通，这也为港口物流发展带来更为便利的条件。置身市场竞争之中，想要保证拥有稳定的、长期的货源，港口可以对该地区的优势进行依靠，积极主动地与货源客户进行长期合作，结为战略联盟。例如，青岛有青岛啤酒、海尔集团等知名企业，青岛港就可以对自己的地理优势进行充分利用，与海尔集团、青岛啤酒等结为联盟，从而为自身长期发展提供有力保证。

第四章 港口物流集群的发展

港口物流业随着社会经济发展呈现集聚发展趋势，逐渐形成将港口作为中心的产业集群。本章阐述了港口物流集群的发展，主要研究分析如下几方面内容：港口物流集群的概述、港口物流集群的演变以及港口物流集群服务的创新。

第一节　港口物流集群概述

一、产业集群理论

所谓产业集群，就是一种相关的产业活动在特定地点或者在地理上集中的现象，这也是国内、国外针对产业集群问题所达成的共识。

对于产业集群，迈克尔·波特（Michael Porter）是这样定义的：产业集群（Industrial Cluster）是在地理位置上集中的、某一特定领域内互相联系的机构和公司集合。产业集群包括一批相互联系的、对竞争起重要作用的产业和其他实体，产业集群经常向下延伸至客户和销售渠道，并侧面扩展到技能技术以及辅助性产品的制造商，或投入相关的产业公司。产业集群包括对技术支持、信息研究、教育、专业化培训进行提供的政府和其他机构。[①]而我国学者曾忠禄则对产业集群提出自己的见解，他指出，产业集群指同一产业的企业以及该产业的相关产业的企业在地理位置上的集中[②]；我国学者徐康宁也对产业集群提出了自己的观点，即

---

① PORTER M. E. Clusters and the new economics of competition[J] Harvard Business Review 1998：77-90.

② 曾忠禄. 产业集群与区域经济发展 [J]. 南开经济研究，1997（11）：69-73.

产业集群是指相同的产业高度集中于某个特定地区的一种产业成长现象[①]。

国外较早对产业集群理论进行研究。1776 年，在《国富论》中，亚当·斯密（Adam Smith）曾经提及市场范围与分工之间的关系，他认为，市场竞争环境与行业发展的关系中，涵盖着关联于产业集群的一些经济思想，不过因为当时经济中未曾将产业集群现象凸显出来，故而经济学家也未将产业集群经济思想作为自己的主要研究对象。

英国经济学家阿尔弗雷德·马歇尔（Alfred Marshall）在 1890 年重点关注产业集群，并提出如下观点：外部经济能被产业聚集带来。外部经济涵盖以下三部分：扩大市场规模后获得的技术扩散与信息交换、劳动力市场规模效益、中间投入品的规模效益。马歇尔对产业集群与外部规模经济之间存在的密切关系进行探索与发现，同时指出，外部规模经济使产业集群得以产生。[②]

在《工业区位论》中，区位经济学家韦伯（Weber）做出了与马歇尔外部经济理论不同的阐述。韦伯提出如下观点：企业通过集聚得到的经济效率，是处于分散状态下难以实现的。换句话说，各企业聚集所产生的系统功能，要远远超过各企业在分散状态下实现的功能的总和。产业集聚一共有两个阶段，第一阶段是产业集聚的低级阶段，这种企业集中现象是企业自身简单的规模扩张所引起的；第二阶段主要依靠大企业，通过对完善的组织方式进行利用，在某一区域集中，同时引发更多企业进行集聚。从现代概念角度来说，即形成了产业集群。

20 世纪 70 年代末，部分经济地理学家在研究经济地理的过程中，引入主流经济学的分析工具与研究方法。在地理学交融现代经济学的推动下，经济地理学得以一步步发展。其中，克鲁格曼（Krugman）是最典型的代表人物。其对集聚经济的观点进行发展，并指出，产业集群是由企业的规模报酬递增、运输成本和生产要素流动通过市场传导的相互作用而产生的。在自己的集群理论中，克鲁格曼对偶然因素和历史的作用进行强调，对产业发展的自发性进行强调。[③]

然而，斯科特（Scott）、卡尔多（Cardo）等人则与克鲁格曼有着不同观点，

---

① 徐康宁. 开放经济条件下的产业集群及其竞争力 [J]. 中国工业经济，2001（11）：22-27.

② MARSHALL A.Principles of Economics[D].Toronto：McMaster University，1890：201-331.

③ 臧新. 产业集群产生原因的理论困惑和探索 [J]. 生产力研究 2003（1）：187-189.

他们认为，地区特殊的文化氛围、需求与供给结构、比较优势乃至政府都是引发产业集群的因素①。

波特在其1990年出版的《国家竞争优势》以及1998年发表的《集群与新竞争经济学》中，对新竞争经济学与产业集群理论更为系统地予以提出。波特认为，产业集群就是在业务上相联系的，在特定区域集中的一群企业以及相关机构，包括顾客、上游的中间商以及下游的渠道，也包括对互补产品进行提供的制造商以及具有相关技术、技能或共同投入的属于其他产业的企业。从侧面还向对专业的技术支持、研究、信息、教育、培训进行提供的政府机构或非政府机构扩展，如商业协会、贸易协会、智囊培训机构、质量机构、大学等。在进一步的研究中，波特指出，产业集群竞争优势的发挥及竞争力的形成，是其核心内容，影响竞争优势的因素多种多样，包括非市场因素、禀赋以及市场的自发作用。总的来说，波特有着较为折中的观点，其认为产业集群的产生过程中，不可或缺地存在市场竞争的参与，然而也对地区政府战略的影响以及地区禀赋的作用予以强调。②

自20世纪90年代初期，国内大陆地理学界才开始对产业集群的研究予以关注。我国对产业集群进行研究的学者，包括地理学家、社会学家以及经济学家。各学者从不同角度展开研究，也使得他们在集群的概念、形成发展的作用机制、种类等方面出现了理论探讨上的些许分歧。不过，在研究产业集群形成的动力机制时，各学者都较为倾向于折中观点。例如，王缉慈等认为，通常来说，市场自发形成了产业集群，然而产业集群同时受到地区比较优势及其他因素影响，尤其是政府能够对多项措施加以利用，对产业集群的发展予以促进、影响与调控。再如，魏后凯指出，尽管大多数情况下，在市场机制的作用下，产业集群得以自发形成，然而，如果想要对产业集群有序、合理发展进行引导，将一个有利于创新的良好外部环境创造出来，避免产业集群出现退化乃至衰退，就需要重视并充分发挥政府的政策作用。

---

① 王步芳.世界各大主流经济学派产业集群理论综述 [J].外国经济与管理2004，26（1）：12-16.

② PORTER M E.Location，Competition，and Economic Development：Local Clusters in a Global Economy[J].Economic Development Quarterly，2000，（491）：15-35.

不管是社会地理学家，抑或是经济学家，他们都是在对别的问题进行研究时，对集群存在的原因予以发现，继而开始研究集群。新竞争理论（以波特为代表）、聚集经济理论（以韦伯为代表）、外部经济理论（以马歇尔为代表）等学派，都分别对各自的产业集群形成机制进行提出，主要包括地区禀赋作用、聚集经济、规模经济和专门化以及其他非经济因素，是历经岁月积淀一步步形成的，并非一蹴而就。对于不同社会状况、不同产业结构、不同区域，上述因素也有着不同强度的作用，所以，集群形成机制也有所不同。

比利时安特卫普大学的海森顿克（Haezendonck）教授，是国际上首先对港口产业集群进行提出，并在分析港口产业的过程中引入集群理论的专家。对于港口产业集群，海森顿克教授提出如下定义：一系列相互独立地从事港口相关服务的企业在同一港口区域聚集，对几乎相同的竞争战略进行采用，从而对竞争优势（相对于集群外部联合的）进行获得。

对于港口产业集群，我国学者宋炳良进行如下定义：其指的是大量相互关联的、集中于地理位置上的大学、研究机构、协会、企业、行业等，将特殊的经济区域（港口）作为核心，对整体的一站式港口相关服务进行提供的产业群体。

张晓东阐述了物流园区的内涵和特征及物流园区的形成机制，对物流园区公关布局层次分类因子进行分析并做了物流园区公关布局层次聚类分析，但文献未从产业集群的角度分析物流园区的形成机制。

虽然对产业集群的研究比较系统，但重点研究港口物流产业集群则是一门新的学科分支，从产业集群的角度分析港口物流园区的形成的研究自然就比较少了。

二、港口物流产业集群

我们将港口物流产业集群简称为港口物流集群。我国的部分港口，如青岛港、深圳港、上海港，依托其自身的地理位置优势，港口条件良好、交通设施完善，高速公路网络四通八达，经济聚合力强大，有着相对发达的港口产业，故而在城市中心商业区以及港区都聚集着大量与港口相关的企业、产业，而这便是港口产业集群的雏形。

所谓港口产业集群，就是以港口为主导产业，大量与港口相关的企业以及支撑机构在空间上进行集聚，最终形成持续的、强劲的竞争优势。作为对陆上运输与海上运输进行联结的中介，港口最主要的功能就是服务于货物与船舶抵离。港口集群具有与众不同的专门化特征（如拥有深水避风锚地、适航江海航道，和港口设备的规模经济相结合），能够对船舶与货物进行吸引，使货物集中抵达有限数量的港口群或港口，完成必要的仓储、货物装卸以及船舶的所有经济活动。具体来说，其中包括货物与船舶到港吸引、拖船、引水、终端装卸货物等有关的经济活动。

物流活动与港口货物的运输、装卸有着十分密切的联系。任何身处港口区域内的物流活动以及货物运输、装卸，都被纳入港口集群之中。此外，港口集群还包括与港口船舶、货物有着特殊关联的制造公司，因为他们是港口进口、出口的重要使用者，将其作为港口集群的一部分，能够实现物流成本、运输成本的有效降低。同时，港口集群中也包含紧密相关于港口存储职能的部分港口集群内的贸易活动。

因为货物与船舶需求有着复杂性、多样性，所以港口必须对完备的服务项目进行提供。补给、修造船舶以及转换货物运输方式，是港口的主要功能，同时，以转运业务为基础，也派生出如货运代理、货物存储等港口业的其他相关服务。此外，港口还对社会经济的各方各面都有涉及，需要相关行业（如教育产业、保险金融业等）共同建设、合作运营。

通过前文分析，我们能够了解到，有五项主要活动被包含在港口集群中，分别是贸易活动、制造活动、物流活动、运输活动、货物装卸活动，并分别形成子集群。对于港口产业集群而言，物流集群是其中的子集群之一，属于非常重要的组成部分。

如表 4-1-1 所示，港口产业集群可被分为集群延伸区、次集群核心区以及集群核心区。

表 4-1-1　港口产业集群层次分区

集群分区	说明
集群核心区	临港产业区域、港口物流区域、港口核心区域（中心港区）
次集群核心区	教育科研培训机构、行业组织；中心商业区港航相关产业
集群延伸区	港口经济腹地港口运输及相关产业

　　贸易活动、制造活动、物流活动、运输活动、装卸活动这五项港口产业集群包含的活动，能够在空间上至少形成囊括临港工业区、港口物流园区以及码头作业区（中心港区）这三大主要物流园区在内的空间集合，从行业特点出发，我们还能再细分各产业子群。在此，我们以世界公认的港口集群成功案例——荷兰鹿特丹港为例。鹿特丹港产业集群划分非常清晰，包括港口服务产业区、船舶建造产业区等，从而形成集群中的集群。现如今，鹿特丹港口区域附近存在 Maasvlakte、Botlek、Eemhaven 三大配送园区。目前，在港口所在地及其周边地区的工业能生成 50% 左右的总产品附加值，工厂与车间对 20 000 名左右员工进行雇用。鹿特丹的港口工业主要包括回收业、海运工业、化工与石油、汽车、农产品等。研究表明，在整个荷兰 GDP 中，鹿特丹港口以及相关辅助产业的产值能达到 10%，而在鹿特丹市则能占据 40%。港口工业园区、港口码头作业区与港口物流园区分工合作、相辅相成。

　　从上述内容中，我们可以看出，对于港口集群而言，现代港口物流产业集群属于一个子群，指的是在特定区域内，依托管理部门、物流信息平台、港口枢纽设施物流技术，在空间上物流信息、加工配送、包装、装卸搬运、仓储、运输及其相关流通、制造企业的集聚现象，港口物流园区则形成于这种空间上的集聚。

　　港口物流园区中，需要对港口物流产业集群进行发展，而发展港口物流产业集群，也需要得到港口物流园区的支持。因此，对于现代港口物流产业集群而言，拥有完善的物流基础设施（如物流信息管理、运输组织、运输枢纽设施、配送、物流等）以及具有明显竞争优势、明确分工协作关系、相互联系紧密的物流园区，是一种良好的体现形式。

三、港口物流产业集群的特征

港口物流产业是港口产业的基础部分，因而也会向集群化方向发展，这是必然的、无可避免地。完整的港口物流产业集群有着如下产业类型：信息服务业、金融业、流通加工业、交通运输业、物流业等等。而其主要由以下几部分组成内部结构，包括基础设施（以港口设施为主，同时也涵盖周边部分其他运输枢纽设施，如铁路、公路等）、科研组织、依港分布的相关企业、相关的物流企业（高度协作与分工的公司，分别从事贸易、加工、运输、包装、装卸、仓储等服务）以及管理部门等。

港口物流产业集群不仅拥有一般产业集群的共性，也展现出自身的独特之处，下面对港口物流产业集群的特征进行简要阐述。

（一）港口物流产业集群具有空间集聚效应

商业贸易企业与工农业生产企业是物流产业的主要服务对象。企业不同，所需要的物流服务也有所不同，所以各物流企业所提供的物流服务具有分散化、多样化特征。基于此，单个物流企业对客户资源进行寻找时，所付出的成本通常较为高昂。而由于港口独特的资源禀赋，多家物流相关机构、企业集聚一处，既能帮助物流产业形成一定规模，又能依托规模经济，最大限度地降低物流企业成本，如此所得到的规模经济优势，是单个企业所难以企及的。此外，港口物流产业集群还能对众多具有物流需求的客户进行吸引，使其在此处汇集，对合作伙伴进行寻找，最终让港口真正发展为物流的集中地。

（二）港口物流集群具有开放性的网络

其他产业是物流产业展开的基础与依托，这是物流产业所具有的特殊性。而港口物流产业集群之所以必须拥有开放的信息网络，也是由物流产业的这一特殊性决定的。拥有开放性的网络，一方面能够强化物流企业与其他企业、中介机构以及客户的充分交流，实现企业物流活动的服务效率的提升；另一方面，能够在区域内对技术上的创新进行迅速扩散。如此，创新所带来的好处就能被区域内所有物流企业共享，使服务效率得到进一步提升。

（三）港口物流企业专业化分工明显

在物流企业专业化分工的背景下，港口物流产业集群应运而生，其囊括众多不同业务，如信息服务、代理、配送、物流加工、海运业、仓储业、集疏业、装卸业等等。因为不同功能之间存在较大差异，企业想要对上述所有功能进行掌握并不容易，因此，通常来说物流企业会对某一个环节予以注重，从而实现服务效率的提升。此外，身处同一产业链的企业之间存在合作与竞争的关系，能够对产业集群的优化发展起到助推作用。

（四）港口物流基础设施和公共服务共享

其一，共享硬件基础设施，如通信网络、泊位、公共码头、航道、岸线、铁路、高速公路等。这些基础设施的建设，往往需要十分高昂的投入成本，而在集群内的物流企业能够对硬件基础设施进行共享，能够实现运营成本节约以及资源利用效率提升。

其二，共享政府公共服务，如政府的科研投入、物流信息管理、产业优惠政策等。此外，港口物流产业集群的人文环境良好，对促进集群内相关物流企业的信任可谓大有裨益，同时，能够降低由于信息不对称而造成的损失，对合同的签订也很有帮助，还能在市场中对相关物流企业的地位予以提升。

（五）港口物流企业共享劳动力市场

现代港口不断发展，成功对大批具有物流专业知识的劳动力及企业家进行吸引。企业在对劳动力进行寻找时，需要花费高昂的机会成本，而集群内部有着众多人才，且都具备丰富的物流专业知识，能帮助企业节约机会成本。一方面，企业能将自己所需的熟练劳动力及技术人员快速找到，另一方面，也能根据自身实际情况，对员工数量进行及时调整。除此之外，还能实现员工培训成本的降低，对物流企业的运作效率予以提升。而立足集群内员工角度来看，其无须承担过多流动成本，当员工从一家物流企业辞职之后，不用花费过多时间、精力，就能在集群中迅速找到和物流有关的工作。物流专业人才的合理流动，对人力资源的优化配置很有助益，同时也对知识溢出效应进行强化，对知识创新以及物流产业集群发展都能起到有利影响。

四、港口物流产业集群形成的影响因素

1979 年，美国战略管理学家迈克尔·波特提出了"钻石模型"。波特认为，一个国家某种产业所具有的竞争优势，取决于如下四项因素：一是生产要素，通常包括基础设施、资本、知识、劳动力资源、自然资源等；二是企业战略结构与同业竞争；三是相关产业与支持产业；四是需求条件。除此之外，还存在"政府"与"机会"这两大变数。"机会"这一变数无法被控制，而"政府"所发挥的政策作用至关重要、不容忽视。

在研究国家竞争力或区域竞争力的过程中，可以对"钻石模型"进行使用。赫维·吉博森（Hervey Gibson）以及提姆·帕德莫（Tim Padmore）改进了波特的"钻石模型"，并对 GEM 模型进行提出。帕德莫与吉博森认为，有三类因素会对产业集群产生影响。第一类为基础因素，包括"设施"以及"资源"；第二类为企业因素，包括"公司的竞争、战略、结构"以及"相关辅助行业与供应商"；第三类为市场因素，包括外部市场与本地市场。本书通过对 GEM 模型进行参考，与港口物流产业集群的实际情况相结合，分析对港口物流产业集群的形成产生影响的因素，如图 4-1-1 所示。

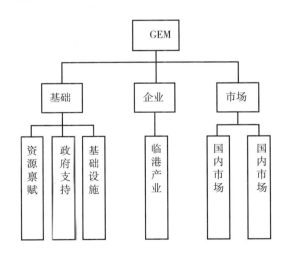

图 4-1-1 港口物流产业集群形成的 GEM 模型

（一）基础因素

1. 资源禀赋

对于港口物流产业集群的形成来说，港口资源禀赋属于诱导因素。所以，从集群类型角度来看，港口物流产业集群是一种资源型集群。而从要素角度来看，港口资源的特点为具有不可流动性，而在此基础之上，相关物流企业会集聚向港口地区。我国海岸线共计 18 000 多千米，众多港口在水深上都极具优势，属于陆运与水运的交汇所在，也是重要的大宗货物集散地，其拥有规模化集散能力，为形成港口物流产业集群打下坚实基础。

2. 基础设施

港口想要对相关机构与众多物流企业进行吸引，使其集聚在本地区，不仅要具有资源禀赋，也要建立起完善的基础设施。我国大部分港口地区都具有完善的基础设施以及便捷的交通条件，应用现代化通信技术，具有四通八达的公路网，同时也有着齐全的产业配套。基于此，相关机构与众多物流企业都倾向于依港分布。集群化布局能够实现物流作业效率提升，对货物停靠港口的时间予以缩减，从而对快速发展的港口物流需求进行更好的、更及时的满足。

3. 政府支持

其一，政府不仅能够将完善的基础设施提供给港口内的物流企业，同时也可以将高效率的审批、认可等服务提供给它们。

其二，政府鼓励港口内的物流企业对国内外市场进行开拓，对企业的知识产权予以保护，对物流企业提供帮助，支持它们融资上市。此外，政府还能对物流企业进行引导，使其采用国家标准、国际标准，或者将自己的标准建立起来。

其三，政府将配套于港口物流产业集群的公共机构建立起来，对相关规章制度进行制定，从而对港口物流产业集群的健康发展予以保障。

（二）企业因素

港口区域内雄厚的工业基础是港口物流产业集群的重要依托，所以，对于港口物流产业集群而言，其形成与发展，都需要临港企业进行支撑。其一，对港口物流有着较大需求的企业，会对港口所具有的资源禀赋优势进行充分利用，在选择企业的区位时，会更多地考虑彙聚于港口地区，从而让物流运输变得更为方便快捷；其二，那些关联于上游、下游产业的企业，也会在选择企业的区位时，倾向于依港分布，从而将服务更好地提供给客户，实现交易成本降低。所以，临港产业的不断发展，会加快相关企业集聚港口地区的速度，继而使港口物流服务的需求不断增加，对现代港口物流业的发展起到带动作用，最终促进形成港口物流产业集群。

（三）市场因素

港口物流产业集群内，不同企业与其他机构之间存在分工合作的关系，且联系十分密切。某种程度上，港口物流产业集群所具有的竞争优势，正是其内部分工网络带来的。早在1776年，亚当·斯密就认为，市场范围制约着分工。而随着物流需求市场不断扩张，加之发展前景愈发广阔，集群内部的分工也得到进一步发展，这也保障了港口物流产业集群的形成。

1. 国内市场

第三方物流是港口物流产业集群的核心，所以港口物流产业集群也形成了大量与第三方物流相依托的需求。伴随我国经济发展速度越来越快，区际之间有着愈发密切的贸易往来，西部大开发战略的实施以及中部崛起，都助推着我国东中西部进一步增加贸易交换。毫无疑问，上述因素都使得对沿海地区港口物流服务的需求进一步增加。所以，对于港口物流产业集群的形成来说，国内市场需求的扩张所产生的拉动作用是非常强大的。

2. 国外市场

港口有其独特的成本优势、资源优势，而海运一直在国际物流中运输量较高。当前，国际贸易增加迅速，经济全球化进程也进一步加快，对港口物流的需求可谓与日俱增，而对现代物流企业服务的要求也愈发高标准。想要满足上述要求，就需要充分发挥港口物流产业集群内部分工网络所形成的竞争优势。

综合前文阐述，我们能够发现，不可流动的港口资源禀赋是形成港口物流产业集群的基础。而迅速扩大的国内外市场需求、政府的大力支持以及完善的基础设施建设，都为之提供强大助推动力。想要顺利形成港口物流产业集群，既要具有"先天"资源禀赋优势,又要满足"后天"各类条件,二者缺一不可。

第二节 港口物流集群的演变

与其他产业集群一样,港口物流产业也有其自身的生命周期,不同港口所在的沿海地区,往往有着不同的政策环境,经济发展水平也有所差异,而这些也决定着其各自的港口物流产业集群的生命周期进程。不过,总的来说,港口物流产业业集群都会经历如下几个阶段。

一、产生阶段

按照专业化和分工理论,专业化能够使生产成本降低,实现企业生产效率的提升。如前所述,专业化分工孕育了产业集群,同样的,物流企业专业化分工则孕育了港口物流产业集群。整体来看,企业内部分散化物流向企业内部专业化物流发展,继而由企业内部专业化物流向企业外部专业化物流发展,这一过程就是物流的演化过程。最开始,企业内部并不存在物流相关的单独部门,也不具备较高的工作效率;伴随物资交流逐渐频繁,经济发展步伐加快,渐渐地,企业内开始出现独立的物流部门。随后,由于企业对自身专业化发展愈发重视,更多地着眼于自身核心产业链环节,便对企业内部的物流进行外包,慢慢形成第三方物流产业。其后,越来越多的第三方物流企业进入市场,为实现运营成本、交易成本进一步降低,实现生产效率与专业化水平的提升,尽可能避免不确定风险,他们开始对一定的存在空间进行寻求,所呈现的状态愈发集聚化,同时对一定的信息网络、服务设施、基础设施进行共享。

拥有港口的沿海地区,由于在政策、海洋资源、地理位置等方面具有优势,通常来说比内陆地区发展更快,有着相对较高的产业发展水平,所以,该区域内也有着较高的物流需求。此外,由于港口本身就是先天的资源禀赋,很多物流企业纷纷开始依港分布,以便对这些有利条件进行充分利用,确保一定产业规模的形成。然而,港口物流产业集群的形成之处,港口区域内的企业之间仍主要表现为竞争关系,并没有明确地进行合作。除此之外,这些企业之间尚未真正形成专业化分工，未能对标准化的服务过程进行提供，集群内的企业不多，未能实现完整的价值链、产业链。在产生阶段，集群内的物流企业依靠分工合作、共享信息与资源对一定的竞争优势进行获取，然而其仅有单一的服务功能，只能提供船舶、仓储、装卸等服务，不论从其提供的产品还是从外部经济性来看，层次都较低。因此，这一时期，主要是在沿海地区经济发展水平基础上，自发形成的初级港口物流产业集群，属于市场化集聚，且较为简单。

二、成长阶段

在港口物流产业集群进一步成长过程中，沿海区域经济的发展为其注入资本。在简单的市场化集聚之后，港口内的物流企业初具产业规模，基本形成了集群雏形，当然，各方面仍有待进一步建设，尚不完善。尽管凭借市场的力量，港口物流产业集聚了起来，然而市场力量不是无限的，企业集聚更多地还是要依靠港口这一资源优势。诚如前文阐述的，想要形成港口物流产业集群，基础设施必须是完善的。而建设泊位、公共码头、航道、岸线、铁路、高速公路等基础设施，往往需要非常大的投入，单靠企业自身是无力实现的，因而政府应当参与进来，对其进行推动。同时我们也要看到，政府发挥推动作用，需要以沿海区域经济发展带来的资本为基础，否则也是难以为继的。资本主要包括两部分内容：其一为有形资本，通过有形资本，能够不断促进港口基础设施建设，而不断完善的港口基础设施，也能对行业内的龙头企业进行吸引。此外，为了对外部经济性进行获取，会有越来越多的企业选择依港分布，实现资源利用率的提升、运营成本的节约、基础设施的共享，港口物流产业集群的形成速度也自然变快。所以，在物流产业集群不断发展，推向周边的过程中，有形资本是其有力支撑与重要载体。其二为无形资本。港口物流产业集群的形成，并非物流企业在港口集聚这样简单的过程，其需要一定的区域品牌、人才、技术作为支撑，而这些便是"无形资本"。当企业进入一个区域时，该区域的人才情况往往是企业应当充分考虑的重要因素。区域内能否流入高素质人才，通常来说取决于区域经济是否有着很高的发展水平。此外，区域品牌也是无形资本的重要组成部分，其既能对整个沿海区域的知名度进行提升，又能将有利条件带给区域招商引资。因此，进一步发展港口物流产业集群，要以沿海区域经济的发展为前提。

港口物流产业集群在这一阶段可谓成长迅速，规模经济愈发明显，其不断扩大生产规模，不断增加集群内物流方面的从业人员以及物流企业，一方面能够繁荣港口物流产业，另一方面也能对港口物流产业集群发展予以促进。除此之外，集群内的物流企业彼此合作，能够对港口内高效的通信技术、完善的物流基础设施进行充分利用，将现代化的物流信息平台共同搭建起来。同时，企业还能合作于航运公司、物流服务供应商、货主、相关代理、政府等，共同将高品质、高效率的物流服务提供给客户。在这一阶段，企业不断扩大所提供的物流服务范围，不再满足于包装、装卸、仓储等简单服务，转而发展为一站式综合物流服务，如金融、报关、货代、信息服务、流通加工等等。

三、成熟阶段

经过成长阶段的迅速发展，港口物流产业集群在市场占有率以及产业规模上都有着更高的水平。港口物流产业集群中的企业，在成熟阶段开始对标准化服务的提供进行追求，而港口物流产业集群已经形成较为稳定的局面，一方面，其带来了大量的物流相关方面的人才、技术以及资本的集中；另一方面，也对大量服务业进行吸引，使其延伸向本地区，继而对整个沿海地区的酒店、餐饮、交通等相关产业的发展予以推动，对当地就业进行充分带动，切实保障沿海区域经济与港口物流产业集群的良性互动发展。不过，我们也要认识到，虽然交易费用、外部经济性、港口优势等都为发展港口物流产业集群提供动力，然而它们难以对港口物流产业集群的核心竞争力进行形成。想要推动港口物流产业集群逐步发展，形成核心竞争力，所依靠的必是"创新"二字。如果港口物流产业集群缺乏创新，那么其发展将无法持续。当然，良好的政策环境与区域经济的支持，也是港口物流产业集群创新的前提条件。

四、衰退阶段

在马歇尔的观点中，产业集群以规模经济为形成原因，然而如果产业集群中有着过多的企业，超过一定数量，各类生产要素（如资本、劳动力、土地等）就会出现价格上涨情况，这将对产业集群的发展形成制约，导致其逐渐衰落。

如果沿海区域产业政策、环境政策出现变故，港口区域内物流企业进行过度竞争，区域内核心产业开始衰退，港口物流产业集群就会渐渐丧失其在产生阶段形成的竞争优势。港口物流产业集群也不再具有对市场敏锐的感知力与快速反应能力。由于其所具有的创新优势对资金、人才等大量生产要素进行吸引，使其越来越多地在港口附近集聚，造成土地资源供不应求、越发紧张，港口物流产业集群中也会陆续有物流企业退出。在这一阶段，假如当地政府没能及时采取措施，行之有效地发挥作用，对相关政策进行制定以尽快解决上述矛盾，就会使得集群内物流企业背负越来越高的运营成本。尽管港口物流产业集群形成之初，具有区位优势，然而愈发高昂的成本终将对这一优势进行取代，不断降低集群内企业经济效益，削弱竞争力，导致大量物流企业从港口物流产业集群中退出。而假如政府能对相关政策进行积极制定，对新技术不断引进，及时实现港口物流产业集群升级，而集群内的物流企业能持之以恒开拓创新、拓宽市场，那么港口物流产业集群就能保有竞争优势，迈出衰退阶段，转而进入转化阶段。

第三节　港口物流集群服务创新

一、港口物流集群服务概述

（一）港口物流集群服务定义

近年来，在各类媒体与大型学术讨论会中，经常出现"港口物流集群服务"这一概念。那么，到底什么是港口物流集群服务呢？其指的是以港口自身所具有的自然优势为基础，以基建设施与先进的办公软件为依托，对周边企业物流发展进行辐射带动，对港口的库场优势进行充分利用，同时对港口配货、存货、集货优势进行发挥，将周边企业作为自身发展根基，采用先进信息技术为支撑的服务系统。其目的在于对港口优势资源进行整合，最终建设成全方位的综合港口物流集群服务系统。在物流产业链体系中，包含有港口物流集群服务，同时，港口物流集群服务也是一种特殊的物流服务，其不仅对基本物流服务进行提供，也包括全面的附加服务，如加工、升级、增值等。

（二）港口物流集群服务主要内容

在 20 世纪 50 年代之前，集散货物、完成货物在多种运输方式（如江河、航空、铁路、公路等）之间的灵活转换是港口的主要功能；货物的堆存与装卸是港口的主要服务种类。通常来说，货物集散的地方就是港口，而码头就是港口的服务范围。然而，在 20 世纪 50 年代后，伴随港口的进一步发展，不仅港口规模进一步扩大、港口装卸效率进一步提高，很多港口为使自身优势得到更大拓展，开始对服务业、工业、商业进行关注。那些有着商业头脑的港口经营者不再对港口的传统功能（仓储、装卸货物）感到满足，开始探索货物的加工增值，同时主动积极地采取措施，对货物进行吸引，使其到港，形成前店后厂的服务模式，在这种服务模式中，装卸紧密联系于加工。港口活动也不再囿于码头范围，转而向临港周边广阔地域扩展。总的来说，相较于传统港口服务，现代港口物流集群服务有着十分重大的转变，主要涉及如下方面。

（1）装卸活动

在港口物流集群服务中，装卸服务仍旧属于关键环节。想要进一步强化装卸活动，就要着力进行基础设施建设，对码头前沿天然地貌、河道等自然条件进行合理利用，切实实现物尽其用，实现投入最小、收获最大；此外，还要对堆场和码头的机械设备进行优化配置，对现代化的信息技术进行利用，从而尽可能地发挥各种机械作业的效能与功用。

（2）运输活动

运输在传统的港口物流集群服务中属于核心环节，不过也存在单一问题。然而，在现代港口物流集群服务中，不再单独将运输活动分离开来，在保持运输活动中心地位的同时，将其紧密结合于其他环节，让各环节不仅彼此独立，更能有机结合，为港口物流集群服务体系建设共同出力。

（3）仓储活动

仓储在现代港口物流集群服务中，不仅仅对运输方式的转换进行满足，而且逐步转变为"委托仓储"。因为有众多种类的货物要经港口转运，不同种类的货物也对仓储提出了不同要求，所以，为对发展需要更好进行适应，对社会需求更好予以满足，仓储活动需要对自身功能进行不断完善。

（4）加工活动

现代港口物流集群服务有很多衍生功能，其中之一就是加工服务，旨在对运输成本进行压缩，对运输和装卸损坏进行降低。例如，有些货物需要海上运输，在经历海上长时间颠簸之后，必须接受一定整理，方能达到销售标准。还有来自不同厂家、不同地区的商品，抵达港口后也需要接受简单的组合、整理，才能成为一件完整的商品进入销售环节。

（5）信息处理活动

港口货源从全国乃至全世界而来，又会发往全国乃至全世界，有着复杂的名目、繁多的种类，港口人员如果要对这些货物进行精准分类，其工作量必然是巨大的，需要投入大量的经济成本以及物力、人力，基于此种情况，港口的信息处理活动便应运而生。强大的信息处理能力能更好地完成上述大量复杂的操作。所以，港口物流集群服务的必备内容之一，就是信息处理。

（6）其他活动

例如，为对重点企业需求予以满足，港口对配送中心与仓库进行设立，对必要的基础设施进行配备，从而更好地对港口的各项业务进行完成，如设立展览、购销贸易、整理分类、增值加工、代理缴税服务、代理报关报检、配送物资、堆存物资等。

（三）港口物流集群服务特点

其一，专业化。港口物流产业发展的突出特点就是专业化，其对构建港口物流产业核心竞争力可谓大有裨益。

其二，柔性化。港口的柔性化特点，主要体现在其从承运人或者货主的需求出发，对短周期、多货种、小批量的物流活动及时有效地进行处理。

其三，规模化。港口的规模化特点，有助于港口物流资源进行整合，实现物流成本的缩减，最终完成港口竞争力的提升。

其四，合作化。我们都知道，港口的物流服务属于系统工程，且十分庞大，单靠某一个或者某几个部门是无法完成的，所以应当对合作化的战略联盟方式进行采取，强化港口之间的联动与合作，将港口物流战略联盟建立起来，实现其市场占有率的提升与竞争力的增强。

其五，信息化。港口能对先进的信息技术、信息中心地位以及优良的区位优势进行利用，将高效的信息服务提供给客户。通过对先进的物流信息手段与技术的应用，港口可以实现信息处理、仓储包装、流通加工、搬运、装卸等全程的无纸化、自动化、可视化。

二、港口物流集群服务的创新发展概述

（一）港口物流集群服务创新理论

约瑟夫·熊彼特（Joseph Schumpeter），一位来自奥地利的政治经济学家，最早在研究服务产品时对服务创新进行应用。其对创新的内涵与初步应用进行定义。服务创新注重对新的或者有着显著改进的服务理念进行采用或联合，通过对竞争者的活动进行模仿、对技术方法加以应用以及客户间的交互对新的服务功能进行提供，最终将新的经济效益与竞争优势带给企业。整体来看，服务创新就是旨在对新价值进行创造的一种新服务过程或者新服务产品的产生活动，客户导向性十分强烈，能够分别优化外部环境与自身内部，通过改进管理方式、思想、技术等方面优化服务过程或服务产品，最终实现创新。

通过服务创新、港口物流等专业术语的基本内涵以及有关研究，我们能够明确，港口物流集群服务创新，指的是港口相关主体以港口服务系统为基础，为对客户多样化需求予以满足，对新的管理方法、管理理念进行采用，对各种新物流设备或新技术进行应用，开辟、引入、改进新的物流服务方式与产品，实现港口服务质量提升、服务范围扩大，对更多客户进行吸引，从而对港口物流相关产业进行升级，进一步对港口城市以及港口核心竞争力进行增强的过程。其核心在于，港口要依托服务创新活动，达成创新物流市场、管理组织、服务过程、物流产品的目的。

（二）港口物流集群服务创新的特点

1.创新过程复杂

如图 4-3-1、图 4-3-2 所示，通过对港口物流集群服务过程与一般服务过程进行对比，我们能够看出，服务过程中流量的种类首先体现出港口物流集群服务创新的复杂性。物流服务过程包括五种流量：信息流、人流、商流、资金流以及物流，由此也带来更多的环节。顾客的多样性也体现出港口物流集群服务创新的复杂性。港口物流集群服务体系有着众多顾客主体，包括火车运输公司、驳船运营商、铁路运营商、海关、物流公司、货主、航运公司以及港口本身。所以，在港口物流集群服务中，顾客一方面是外部的行为者，另一方面又对港口内部的服务过程进行参与，造成更加复杂化的物流服务。同时，创新来源也受到顾客多样化的影响，变得愈发多样，导致难以实现对顾客要求进行满足的创新目的。物流服务过程的网络化也体现出港口物流集群服务创新的复杂性。港口物流集群服务有着十分广泛的涉及面，也有着很大的时间跨度、空间跨度，属于综合服务体系。伴随港口功能升级，港口物流有着更加宽泛的辐射范围，不仅对口岸优势进行利用，对基础物流服务（如搬运、装卸等）进行提供，更将一个物流运输服务链形成于港口内部。同时，其将信息技术作为支撑，将临港产业作为基础，协作于外部上下游产业，从而令港口物流集群服务产业呈现出网络化的运作方式。从中我们可以发现，由于涉及众多对象、环节，相较于一般服务活动而言，港口物流的服务创新过程要更具复杂性。

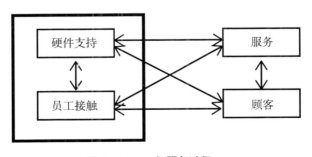

图 4-3-1　一般服务过程

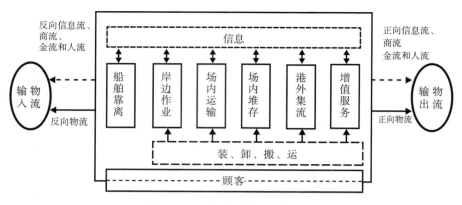

图 4-3-2　港口物流集群服务过程

2. 创新成本高昂

创新成本主要涵盖时间成本、经济成本。由于港口物流集群服务所涉环节较为复杂，加之考虑到其服务创新依赖于专业技术和设备，故而港口物流集群服务创新既包括发展战略开发、新管理理念，也包括新流程开发、新服务产品开发、新技术开发等过程。并且，作为临港城市第三产业的重要构成，港口物流集群服务产业的服务创新主要以政策为导向，有着更长的开发—实施周期。从中我们可以明确，相较于一般服务产品，港口物流集群服务创新的成本构成要更为丰富，同时有着更加庞大的规模，需要更专业的管理人才引进、更综合的服务人员实力、更长的技术基础积累、投入更多的资金设备。因此，相较于一般服务创新来说，港口物流集群服务创新往往有着更高的成本。

3. 系统关联性强

系统性强是港口物流集群服务创新的又一重要特征。港口物流系统指的是在一定空间、时间内，由若干相互制约的物流要素（如信息交互平台、各方工作人员、港区外集疏运设备、仓储设备、港区内装卸设施设备、所需位移的货物等）构成的动态整体。因为系统性是物流服务的一大特点，所以港口物流集群服务创新也具有很强的系统性，当系统内某一要素或者节点出现变化时，就会随之改变整个模块或系统。同理，如果对系统内任一环节进行创新，那么为应对这种创新，整个系统也会相应做出改变，这正是港口物流集群服务创新具有很强系统性的体现。

4. 易受外部环境影响

港口物流集群服务创新与其他服务创新有所不同，其更多地、更广泛地受到外部环境影响。此处所说的外部环境，重点包括产业生态环境、经济以及外部政策。立足港口扮演的角色来看，在贸易互通、国家军事安防等方面，港口都有着十分重要的战略地位，因此，港口及与其相关的产业，很容易被国家、地区政策变化所影响。基于此，港口相关企业并非在完全自由的条件下展开竞争，其竞争一定程度上带有垄断性，且有部分政治政策因素。所以，相较于其他服务，在进行创新时，港口服务要更多地受到政策环境影响。此外，唯有存在一定经济基础，创新才会发生。活跃的经济环境能将先进的理念、技术以及丰富的货物货源带给港口，对服务创新的发生起到促进作用，对港口自身的发展产生影响。同时，第三产业的现代化程度、其他运输方式的规模、腹地的自然资源、进出口贸易规模都对港口及其物流服务产业的发展产生直接影响。而外部产业生态环境主要就是整体的港口物流市场，市场活跃度越高，服务创新就有着越强的积极性、主动性，也就越可能产生新的服务流程与服务产品。

（三）港口物流集群服务创新的目标

港口物流作为满足客户不同需求的服务行业，最主要的就是保证服务质量。日常工作内容包括不限于搬运装卸、中转仓储、运输、包装加工、分拣配送等，另外还有一些诸如保税、信息平台服务、与船舶相关的修理接待服务之类的增值服务。为了满足客户日益丰富的需求，港口物流不能一成不变，需要针对产品、过程、组织以及市场变化情况等方面发挥创新能力来提高服务质量，稳固客户群体，因此，本文将产品创新、过程创新、组织创新、市场创新作为港口物流集群服务创新的四个目标，如表4-3-1所示。

表 4-3-1 服务创新目标分类

创新的目标	创新的内容	举例
产品创新	开发并引入全新的物流服务产品	各类增值服务、特殊货种服务等
过程创新	港口区域外集疏运服务的流程或方式创新	江海联运、海铁联运等

创新的目标	创新的内容	举例
组织创新	港口物流相关企业对管理方法的革新和结构的调整；港口管理部门、政府、海关等职能部门新物流政策的提出	简化海关进出口手续、变革内部管理部门组织形式等
市场创新	开辟全新市场或与市场上其他行为主体关系间的变化、港口物流相关企业进入新的细分市场等新行为	航运金融服务、船舶保险等

1. 产品创新

产品作为供应商向市场提供的成果，是最常见、最主要的创新载体。而港口物流中可作为创新载体的产品就是物流功能服务。所以，开发和引入新的物流服务产品，对服务对象和服务内容进行有效创新，这就是港口物流集群服务市场的产品创新。随着国际贸易的不断繁荣发展，港口物流中需要运输的货物种类也不断丰富，呈现多样性变化。对于不断增加的特殊货种，港口需要紧跟发展脚步、迅速做出反应，为其提供相应的针对性服务。例如，为了向滚装船提供物流服务，港口专门设计建立了滚装船码头。与此同时，港口的角色身份也在不断升级中发生变化，由原来传统的物流装卸、分拣运输服务提供者逐渐向港口物流延伸性服务提供者转变，即除了常规的装卸物流服务，当前的港口物流更侧重于由货物种类衍生出诸如货代、保险以及信息类的增值服务。港口物流的服务链通过开发以下这些衍生的增值服务不断发展壮大：航运金融保险服务、大宗散货的交易、海事法律服务等，港口物流集群服务中的这些产品创新也使得港口物流的地位不断提升。

2. 过程创新

由于服务的本质就在于无形的过程，因此从广义上说，过程创新也属于产品创新。但是从狭义上讲，对于港口物流而言，过程创新分为前台传递过程创新和后台生产过程创新，主要根据物流服务的运作流程和方式的变化而变化，在港口区域外集疏运服务的货物流转过程中，可进行合理的方式创新，以海铁联运为例，海铁联运就是港口物流进行过程创新的成果，既做到了低碳环保，又充分发挥了集装箱长距离运输的低成本优势。传统的港口物流的供应链以港口为导向，通过过程创新的不断发展，逐渐形成了利用网络为媒介的以市场为导向的系统化服务，灵活性大大增加。

3. 组织创新

组织创新的对象主要是作为港口物流系统核心成员的港口管理企业，企业对内部的组织形式和结构进行合理的创新优化，管理部门的组织形式不可一成不变，要根据港口物流的业务调整进行相应的变革。港口具有特殊性，政府和海关等相关职能部门都对港口负有监督职责，这类部门作为管理者，他们管理方法的优化和组织要素的更新也在组织创新的范畴之内。为了满足客户不断丰富的运输需求、提高物流服务的整体质量，其中重要的一环就是创新港口组织物流。

4. 市场创新

创新主体进行不断开发创新活动，从而跃进新的细分市场，甚至开辟全新的市场，同时调整市场中存在的行为主体间的关系，这就是市场创新。而市场创新的内涵也基于细分原有的港口物流市场、开辟新的市场板块之上。以金融客户为例，港口针对有金融服务需求的客户，为这特殊群体专门设计了对应的金融服务，这就是市场创新的典型性示例。港口物流市场创新的最核心动力就是满足客户的所有需求，归根结底，港口物流运输作为服务业，宗旨就是为顾客提供最优质的服务。而顾客的种类以及他们逐日增加的需求内容不断丰富，这就对港口物流的市场创新提出了挑战。港口物流的相关企业对此要格外重视，发挥主观能动性，积极配合市场需求，根据市场的变化调整自身的政策，上下合作协调。另外，先进的信息技术对港口物流的市场创新来说，是十分重要的技术支持，物流服务体系的高效运行在信息技术支撑的基础上，才能井然有序地调整、转换政策，来应对日新月异的物流市场。

（四）影响港口物流集群服务创新的因素

创新能力可以从多个不同维度来分析，如果将服务创新物化成服务创新能力，可以想来，影响港口物流集群服务创新的因素也是多种多样的。多渠道的影响因素直接干预物流服务的创新活动并对最终的绩效体系形成制约。另外在主成分分析法模型中，影响因素是其中的变量。根据服务创新驱动力模型（图4-3-3），重点研究港口物流的综合服务体系，发现港口物流存在多个部门，每个部门不能各自为政，在做好分内之事的同时应注重协调合作，因此，从单一的企业角度去分析影响服务创新的因素是片面的，没有说服力。由于物流港口相关企业内部没有建立独立的R&D研发部门，所以需要外界的技术支持，与信息技术企业合作研究创新方式。另外，基于港口的战略地位，服务创新要以港口的发展战略和管理方式为导向。与此同时，顾客几乎全面参与到港口物流的整个链式服务中，在这个过程中，由于顾客有了切身体会，所以不可避免地会产生计划之外的需求与变动，因此，港口物流相关企业也要积极听取顾客的建议，不断完善物流服务体系，本书给出港口物流服务创新驱动力模型（图4-3-4）作为参照，根据这一模型，可以将影响港口物流集群服务创新的因素分为两类——内部影响因素和外部影响因素。

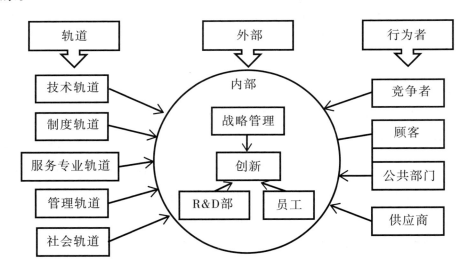

图4-3-3 服务创新驱动力模型

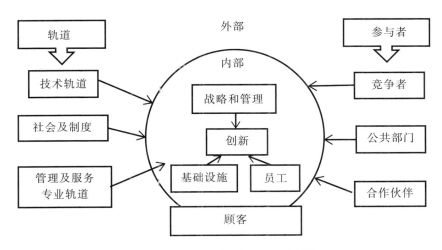

图 4-3-4　港口物流服务创新驱动力模型

以上模型将港口物流系统划分为港口内部与港口外部两部分，港口内部的创新主要从以下几个方面入手：基础设施、战略指导、员工素质以及管理方式。首先，应淘汰、更换老旧的基础设施，为港口的日常运行提供最便利的基础保障；其次，战略指导要以长远目标为基准，不能只顾眼前利益；再次，审慎考察员工素质，港口物流作为服务行业，员工应充满活力，对工作充满热情，对客户保持耐心，以为客户提供最满意的服务为基本工作准则；最后，港口物流相关企业的管理方式在充分利用人力资源的同时，应更加人性化、合理化。港口外部的创新则需要在公共部门的支持下，借鉴竞争者的先进经验，与提供信息技术的合作伙伴积极互动交流，在技术轨道、组织结构、运行制度以及服务轨道等方面开辟新的运营模式。而港口物流的相关企业与客户全程参与、监督港口的内外部活动，但是由于大部分物流相关企业属于间接参与港口的创新活动，并未涉及内部系统运作，所以应将其归类为外部影响因素，本文对港口系统内外主体进行了一定的分析，下面分别具体阐述内部影响因素与外部影响因素。

1. 内部影响因素

港口的内部动力自发性地推动港口物流服务的创新。港口基础设施状态的好坏直接影响着港口物流的运作系统，因此，要对物流整体的服务体系进行创新，最基本的必要条件就是保证基础设施的状态完好。港口的硬件设施如果跟不上，组织模式更新得再快也无法支撑其高效运转，从而使整个物流服务的创新进程大大受限。另外，建立完善的集疏运网络是提高物流服务质量和服务效率的重要环节，港口物流应借助集疏运网络使用多式联运，在集疏运的方式上面加大创新力度。与此同时，想要推动港口物流顺利进行并且更新物流管理模式，提高员工素质是重要的途径之一。员工的活力与热情是触发创新思维的关键，一个死气沉沉的企业是不会有广大的发展前景的，因此，焕发企业生机的密钥就在于招募并培训出更多的优秀员工，这就涉及港口物流相关企业的管理模式和水平。最大限度地发挥人力资源的效用，需要合理的管理模式和运行制度，提高组织的管理效率，这是一种港口在服务创新方面上体现重视的软性能力，还包括与其他企业的联盟合作、创新研发的投入力度等新的发展方式。总的来说，影响港口集疏运的内部影响因素主要包括基础设施等技术应用、组织管理效率、人力资源以及企业研发投入四个方面。

2. 外部影响因素

大到国家的经济贸易，小到城市的发展水平，港口都占据着决定性的战略地位。因此，基于国情，外部环境在一定程度上对港口物流的服务创新影响很大。港口物流升级服务的最终目标是为客户提供最优质的服务。由于顾客几乎全程参与港口物流的运输过程，因此，在港口物流服务创新过程中，客户也算是重要的外部环境因素之一。客户可以对物流服务进行最直接、最及时的反馈，所以他们是港口运输相关企业开拓服务创新思路的来源，在双方交互的过程中，创新往往是双向的。港口物流接待的服务对象包括不限于商贸流通企业、各类生产企业以及物流企业，整个港口物流的生态环境被这些企业的经营状况和发展规模所影响。与此同时，港口的创新不能闭门造车，仅专注于自身很容易受到思维局限，应借鉴、模仿其他竞争港口的优秀经验，取其精华去其糟粕，多渠道加快服务创新的发展进程。总之，本港口的物流服务创新会被竞争港口的发展态势裹挟向前。港口物流进行创新活动需要社会轨道提供智力支持和基础支撑，因此诸如高等研究机构和监管部门这样的公共部门应积极发挥科技研发能力，为港口物流体系的创新提供资金支持，还有仓储基地、临港保税区这样的外部合作伙伴，作为直接与港口物流合作的主体，在双方进行信息交互的过程中对服务市场的发展变化和趋势及时掌握并做出反应，同时可以开拓创新思路、推出新的服务产品。最后，良好的经济社会是港口进行服务创新的环境基础，总的来说，影响港口集疏运的外部影响因素主要包括创新生态环境和外部经济环境这两个方面。

3. 影响因素综合体系

构建港口物流服务创新能力影响因素综合体系如表 4-3-2 所示。

表 4-3-2　港口物流服务创新能力影响因素综合体系

分类	影响因素
港口基础条件	生产性泊位数（个） 万吨级码头泊位数（个）
港口基础条件	桥吊总数（台） 港口设计吞吐能力（万吨/年）
集疏运能力	海铁联运能力（万 TEU/年） 公路疏运能力（万 TEU/年） 内河水运能力（万吨/年） 航空运输能力（吨/年）
创新潜力水平	港口从业人员数量（人） 高层次员工数（人） 受培训员工数（人） 港口企业研发投入（万）
管理服务水平	港口设施的现代化水平 通关效率 单机装卸效率 港口间合作情况
创新生态环境	政府研发投入（亿元） 专利授权数（件） 相邻港口集装箱吞吐量（万 TEU） 港口城市物流企业营收
外部经济环境	第三产业占 GDP 比率 港口城市物流业增加值 保税区年产值 港口城市 GDP

部分指标解释。

（1）港口设计吞吐能力：在集装箱码头设计中，码头每年能够承载和处理的集装箱额定数量。

（2）海铁联运能力：集装箱可从港口直接通过铁路运输到目的城市的数量。

（3）公路疏运能力：临港城市的公路长度，主要取值高速公路里程数。

（4）内河水运能力：以水中转量作为内河集疏运的影响因子。

（5）航空运输能力：指航空运输这一集疏运能力，可以通过运量来体现。

（6）港口间合作情况：主要指港口联盟，是港口在组织上的创新，以"港口联盟度"这一指标来体现。

（7）通关效率：每艘船舶向海关申报放行的平均时间。

（8）现代信息技术应用程度：定性指标，以展示现代技术的应用情况。

（9）港口企业研发投入：指港口运营公司为港口研发活动提供支持的金额。

（10）政府研发投入：政府提供的用于支持全市研发活动的金额。

（11）港口城市物流企业营收：主要指港口城市内规上物流企业的经营状况，采用营业收入的数据。

（12）保税区年产值：代表保税增值服务的经营状况，主要指港口城市具有代表性和一定规模的保税区所实现的年产值。

（五）跨境电商对港口物流集群服务的推动作用

（1）港口物流服务行业的整体竞争力在迅猛发展的跨境电商的刺激下，有了一定程度的提升，因此，港口物流企业开始重视企业的现代化水平，在现代化设备和软硬件系统上积极更新、推行。跨境电商不仅需要港口物流服务行业的运输配送工作，更依赖港口物流行业的服务技术，希望其可以提供诸如市场控制与预测工作、产品销售量统计工作以及产品订单跟踪工作等增值服务。

（2）现代化港口物流企业运行的网络化、信息化服务需要一个稳定的业务平台，跨境电商的发展推动了港口物流企业的日常运行，在信息交互、营销策略、配送运输等方面搭建一个完善的流程体系。随着社会的发展，很多跨境电商企业想要提高工作效率、提高品牌竞争力，最有效的举措之一就是提高港口物流服务系统的整体质量。运用"价值链"理论来提升港口物流服务系统功能的整合度，强化港口物流服务日常工作的集成度。

（3）港口物流服务行业构建自身信息交互网格需要借助跨境电商的虚拟化特点，跨境电商对港口物流服务系统同样有所要求，包括不限于在最短时间内完成货物配送并保证货物的完整与安全，这就需要港口物流服务行业整合自身的网络资源，实行科学合理的规模制度，降低物流成本，促进港口物流实现资源的最大利用率。

（4）电子商务在对抗实体经济的过程中，能够稳固客户资源获得长期发展机会的原因之一就是其具有及时性，客户大多为了节省逛街选买的时间才会选择在网络平台上下单购买货物，可以看出，时间是顾客和电子商务企业首先需要考虑的因素，客户会因为节省时间而选择网购，也会因为货物迟迟收不到而放弃网购，因此，电子商务对港口物流的运输速度有较高的要求，只有提高运输速度，才能提升港口物流企业的竞争力。

三、港口物流集群服务的创新动力系统

港口物流产业集群是一个复杂系统，要进行创新服务，应该考虑以下几个方面，包括不限于服务的组织管理、信息技术、战略理念以及功能流程等，这是一个包含了多元化创新主体交互的过程，在创新过程中，港口物流产业集群内部物流企业需要与其他组织（如制造业企业、供应链企业、科研机构、高校等）相互作用，并与物流产业集群外部环境协同作用，共同演化与创新。系统地分析港口物流行业集疏运服务的发展现状以及创新策略会带来的产业升级，本书提出了基于"三位一体"的港口物流产业集群服务创新动力系统模型。

通过对跨境电商环境下港口物流产业集群发展的特点及"三位一体"港口物流服务体系建设的内涵分析，港口物流产业集群服务创新主要体现在港口物流产业集疏运的内外动力系统以及服务创新扩散动力系统等方面。

（一）港口物流集群服务创新的内部动力

港口物流产业集疏运内部的动力要素构成了一种自发的内在力量，这股力量就形成了港口物流集群服务创新的内部动力。

随着港口的发展战略不断深化，区域产业间的联动更加协调，各部门的分工趋向专业化并且不断细化，整合企业资源、将资源分派到最需要的地方，避免资源浪费，以提高港口物流企业的运作效率和整体服务水平为最终目标。同时，企业还需要以长远的眼光制定发展战略，加强文化建设和企业品牌建设，安排员工

培训并倡导员工积极发挥主观能动性为港口物流的服务创新提供更广阔的思路，多渠道推动港口企业的服务创新进程。总的来说，企业战略驱动力、员工素质、品牌文化影响力以及激励机制是促进港口物流产业集群服务创新的内部动力。

1. 企业战略驱动力

对港口物流产业集群中的物流企业而言，企业战略是一种最根本，也是最有效的内部服务创新的驱动力。在创新驱动发展的大背景下，创新战略已经成为物流企业的一项重要战略，是临港物流企业获得竞争优势、占领市场的基本手段，通过战略的制定使创新成为临港物流企业谋求生存和发展的主动需求和内在动力。如广州远洋通过结构性创新战略，创新了特种船运输服务取得了良好的效益。杂货运输市场具有专业化、个性化和差异化的特点，广州远洋基于杂货运输市场的特点，对航运市场进行了深入调查和考量，将目光锁定在"特种货物运输"这一领域，决定在这个项目上深度挖掘，对该项目现有的产业模式进行升级，逐步向高端市场靠拢。首先，确立发展项目船战略，传统的杂货船运输升级为个性化的项目船，独特的船型配置正好符合国际特种货物的运输标准，考虑到社会经济效益，应重点向市场经营和项目经营转变。

2. 文化影响力

港口物流产业集群的各个行为主体在长期的发展升级过程中，自然而然地会形成其特有的组织制度、管理模式以及价值理念，这些都构成了物流集群企业的品牌文化，整合这些集群文化后，发现这些文化的影响体现在员工的工作理念与行为规范上，也是促进产业集群进行服务创新的内在动力。集群创新文化就是以崇尚创新为企业发展理念的集群文化，这种创新型文化会在企业与员工之间形成良好的创新氛围，大大推动了港口物流产业集群的服务创新活动。国家与国家、城市与城市之间的来往交流由不同的交通方式作为支撑，而港口是多种交通方式的交汇处，具有非凡的战略地位，无论是经济贸易，还是文化教育上的交流，都在一定程度上依赖港口的发展，这也是古往今来的港口担负的使命。在港口物流的繁盛崛起的过程中，港口文化起着重要的推动作用，于潜移默化中感染着港口企业的员工，在精神理念上支持港口的发展创新。

3. 员工创新能力

港口物流产业集群中物流企业服务创新过程是服务员工和客户间一系列的交互作用过程，员工在物流服务创新过程中具有独特关键的作用，他们不仅为物流企业提供创新思想的来源，而且经常作为企业内部的创新源泉来推动物流服务创新的出现和发展。员工在与客户的交互过程中能最直接地发现顾客的需求，并因此激发产生大量的创新思想和思路，同时员工还能根据自身知识和经验提供有价值的创新思想，成为物流企业服务创新的重要驱动力。

4. 激励动力

港口物流产业集群的服务创新在外部环境的影响下，涉及产业组织结构、技术条件、人力资源以及集群文化等方面，是个庞大的系统性工程，在服务创新的过程中，以上各个方面中，人力资源是核心动力，与其他方面共同发挥协同作用。充分发挥员工的创新积极性是保持企业活力的重要途径，因此，建立激励机制是调动员工积极性和工作热情的有效举措。员工在激励机制的鞭策下，会积极参与到港口物流集群产业服务创新活动过程中，发挥个人创造力，激发自身的潜力，在企业内部营造活跃的气氛，从而推动整个港口物流的服务创新进程。

5. 创新保障力

港口物流产业集群服务创新需要得到集群内部各项资源和技术的支持，在整个港口物流服务的创新过程中，企业充分发挥现有资源的效用并且获得创新收益就是创新能力的最直接体现，港口物流产业集群内部及物流企业应该形成良好的创新氛围为服务创新提供保障，如营造鼓励创新的文化氛围，充分共享服务创新的资源和能力，以及加强交流与合作，共同促进物流产业集群内部的服务创新与产业的发展。

（二）港口物流集群服务创新的外部动力

政府的有意倡导和调控与外部环境的影响是推动港口物流产业集群服务创新的主要外部动力，通过外部动力的刺激与驱策，大大推动了港口物流产业集群的服务创新进度。在港口实施发展性战略的刺激下，临港物流产业的市场需求空间不断被开拓扩大，这也得益于港口不断攀升的货物吞吐量与临港大工业物流服务的不断外包。因此，港口物流产业集群的本土物流企业在国际与国内的物流巨头进入市场后受到了一定的冲击，竞争压力骤然增大，与此同时，政府重新规划了产业区块发展，大力引进并运用诸如物联网、云计算、智慧物流系统等新技术，所以，港口物流的本土企业在外部动力的驱动下提高市场竞争力与品牌文化效应、全面进行服务创新已是迫在眉睫。综上所述，刺激港口物流产业集群服务创新的外部动力可以总结为政府支持力、市场竞争力、区域选择力、技术推动力等要素。

1. 市场需求的拉动力

需求推动生产与创新。市场有需求，港口物流产业集群为了满足市场需求，不得不加强服务创新。奥地利著名的技术创新方面的经济学家熊彼特教授曾发表论述，总结来说就是创新若由市场需求拉动产生，则具有非同一般的意义；英国经济学者施穆克勒认为在推动创新的动力体系之中，需求拉动是最为重要的。我国已经成为全球最具经济活力的地区和全球最大的市场，许多跨国企业都把全球的采购中心或制造中心转移到中国，国内的企业面对越来越竞争激烈的全球市场，开始专注于其核心能力，而将物流等业务外包给专业的服务提供商，物流产业的发展面临着巨大的市场空间，但是，我国的物流成本占 GDP 的比重在 18% 左右，是发达国家物流成本的 2 倍，而服务创新是降低物流成本的有效手段之一，因此，巨大的市场空间和物流服务需求是推动物流企业服务创新的重要动力。

2. 市场竞争力

市场竞争是推进港口物流产业集群服务创新的重要动力，迈克尔·波特认为，在市场经济体制中，各个企业之间会形成激烈的竞争，进而拉动技术创新，产业服务创新又会为企业带来巨大的经济效益，形成良性循环。当前，港口物流在传统的基础上不断发展改善，符合现代的港口市场需求。我国的综合性港口在世界港口业小有名气，比如青岛港、上海港、宁波—舟山港、大连港、广州港、天津港等，但这些港口还达不到世界一流的港口标准，仍具有很大的发展空间。

临港物流产业园区无论是在规模还是服务能力上都还存在较大的差距。因此，只有参与国际竞争，通过竞争促进临港物流企业开发和优化，满足市场需求才能占据市场份额，因此，物流的服务创新应以市场需求为导向。

3. 技术推动力

现代物流的核心之一就是现代信息技术的应用，同时物流技术和装备的升级也是促进港口物流产业集群服务创新能力的重要因素之一，在整个服务创新过程中，技术起着关键的作用，首先，新技术能够促使企业家去组织和挖掘新的服务创新活动并投入商业化的应用，如通过物联网等新一代的信息技术的应用能够为客户提供实时的物流状态服务，提升客户的物流服务体验；其次，技术的应用能够推动港口物流产业集群开展商业模式创新和服务创新活动，如通过云计算在物流行业中应用，整合区域内的物流资源和能力，以云物流的方式为客户提供按需的个性化物流服务。技术的发展促使港口物流企业的服务创新朝着标准化、集约化和绿色化的方向发展。

4.政府支持力

对于港口物流产业集群服务创新的发展，政府的产业划分等相关政策起着决定性的导向作用，政府的相关政策主要是为物流企业的创新发展提供便利，同时规范物流企业的创新行为，避免恶性竞争。政府颁布的政策主要有引导性政策和保护性政策，具体的方式有产业发展政策、税收政策、信贷政策、政府采购、法律法规、基础设施服务等。现代物流业作为我国现代服务业的核心产业，国家和地方出台了大量的政策对产业发展和创新进行引导和扶持，如2009年国务院出台的《物流产业调整与振兴规划》、2011年国务院办公厅发布的《关于促进物流业健康发展政策措施的意见》等政策措施。

5.区域选择力

区域选择力是引导物流服务创新的重要因素之一，在港口这一重要枢纽的周围聚集着物流产业集群，周围有发达的高速公路网和铁路网，此外，土地的价格、劳动力的成本等要素资源的价格一般较城市中心偏低，与港城配套的科研机构、金融服务机构、咨询等中介机构一般都比较发达，同时，港口物流的特殊性往往使港口物流产业集群内的物流企业在功能上具有较好的互补性。另外毗邻港口的庞大的物流市场对物流服务具有较大的需求，这些都为港口物流产业集群服务创新提供了良好的区位和市场环境，也在很大程度上为物流服务的创新提供了良好的基础。

（三）港口物流集群服务创新的扩散力

物流服务创新的成果在港口物流产业集群内企业之间传播、推广的扩散过程是港口物流产业集群服务创新扩散力的综合体现，在这个过程中，也间接提升了港口物流相关企业的市场竞争力和服务质量。1995年，"创新扩散"第一次被提出，美国新墨西哥大学的罗斯特教授对这个新兴名词给出概念解释，将其在技术创新领域推广运用。集装箱运输在物流服务领域是发挥物流服务创新扩散力的有效途径，在海洋服务业的支柱产业中，港口物流产业实施海洋战略，在政策保护方面，中央及地方的各级政府都非常重视物流产业的服务创新发展，分别出台了许多引导性政策，用来支持并规范物流产业的服务创新活动与行为，充分发挥技术应用扩散力、专业人才的扩散力以及管理模式扩散力等物流服务的创新扩散力。

1. 物流专业人才的扩散力

港口物流产业集群内信息和人才的大量集聚和流动在一定程度上也会推动港口物流产业集群内的企业进行服务创新活动的进程。建设、维护港口物流的专业人才市场，可以使物流人才信息在集群内广泛传播，物流人才的流动也带动了创新能力、知识的传播，而人才和知识的传播能够推动创新能力的扩散和发展，从侧面提高港口物流产业集群的服务水平。

2. 技术应用扩散力

在港口物流产业集群内部完善的交易网络、技术网络和社会网络，再加上政策的引导、人员和知识的流动和扩散也带动技术应用的扩散，最典型的例子就是物流信息技术的应用扩散，如在港口物流产业集群内部，龙头集装箱运输企业希望提升公司集卡的管理水平、降低物流运作的成本，进而推行试用了智能集卡系统，效果符合预期，十分不错。政府相关部门考察了该试点的运营成功后，将智能集卡系统在各个集装箱运输企业间积极推行。

3. 管理模式扩张力

与技术应用的扩散力相类似，港口物流产业集群的内部企业间的价值认同感和管理模式借鉴吸纳能力都比较强，因此集群内部之间构建了多元的沟通联系渠道，企业间的产业文化和行为方式因互相交流和学习而变得相似，而传统的企业模式随着贸易的繁荣发展必将跟不上市场的需求，所以港口物流产业集群急需新的商业模式、管理模式以及服务模式，整个产业集群的服务创新已迫在眉睫。

4.公共服务平台推动力

社会化服务体系是支撑港口物流产业集群发展的基础之一，在港口物流产业集群间需要营造特殊的文化氛围，群成员的关系需要协调沟通，信息技术应用和资金分配更需要管理，这些都离不开一个完善的公共服务平台的支持。在港口物流产业集群形成的初期，为了加快新企业的崛起，社会化服务体系发挥了很大的作用，体系中的同业商会、行业办会、咨询机构、融资机构、科研机构分别为集群初期的新企业提供了不同的服务支持，另外还有律师事务所、会计事务所、人才服务机构、咨询机构等中介服务机构以及交通运输、邮电通信、广告传媒等商业服务机构也属于社会化服务体系，共同促进了港口物流企业的服务创新。

不同的动力元素构成了港口物流产业集群服务创新系统的三个开放的动力子系统，这三大动力子系统之间的动力元素互相作用、协同工作，在优越的服务创新策略下，使得港口物流产业集群服务创新系统产生巨大的合动力，共同推进服务创新的发展。

四、港口物流集群服务的创新路径

在跨境电商的不断发展下，相关人员应该根据港口物流集群服务的特征，把握住跨境电商的优势，在满足市场基本需求的基础上，升级服务模式，为客户提供更高效、更优质的创新型服务。与此同时，港口物流的集群服务过程和相关产品在港口物流的整个运营过程的不断完善、重组中完成双重创新。

要对相关服务产品进行创新，就要先明白，所谓的港口物流集群的服务产品主要是指跨境电商平台上销售的实物商品和虚拟商品。顾客在跨境电商购物平台上根据需要购买相关服务产品，而服务产品的创新过程主要针对港口物流运输配送跨境电商货品的过程。针对不同的服务产品的特点，港口物流企业应提供不同运输服务，尤其是一些特殊的产品，为了提高顾客的体验感和满意度，应将产品生产和港口物流有效结合，在相关产品的特性基础上不断创新、改良服务产品，同时借助电子商务中心的数据对服务产品进行分析挖掘，只有掌握了真实的信息，才能更好地推进后续港口物流的工作，比如，市场的真实需求信息数据对于小批量生产的服务产品的销售与运输起着决定性的作用。另外，服务产品要考虑到满足特殊客户的需求向外延伸，港口物流的信息系统要趋向公开化、透明化，将港口物流系统与相关信息紧密结合，在港口物流集群服务环节以及相关标准等方面进行组合优化，让客户近距离了解港口物流集群服务产品，利用港口现有资源实现港口物流的服务产品配送区域全覆盖。

针对港口物流集群服务过程的创新，传统港口物流集群服务模式并不能使客户百分百满意，甚至在传统的服务流程中，下单、备货、打包以及配送这些环节都有可能因为各种原因出现货物积压、延迟发货甚至运输不当导致货物破损等问题，给顾客造成不好的体验感从而导致客户流失。因此，针对港口物流集群整个服务过程的创新已经刻不容缓，港口物流相关企业想要掌握市场实时的生态环境，精准把握客户需求，应积极借助跨境电商的大数据分析预测技术，基于以往的经验数据，在销售前期对销售实况进行预测分析，根据合理的销售目标安排货物的数量生产与批次，同时借助信息技术实行智能配送服务，从最近距离的服务产品生产物流网点为客户安排发货，智能配送服务不仅可以降低企业的物流成本和库存成本，还可以为客户提供更高效的运输服务，稳固客户群体。

关于提升港口物流集群服务水平的创新，以下具体介绍几种有效措施。

（一）"互联网+"港口物流集群服务模式

（1）综合物流服务供应链务模式。该综合物流服务模式的服务对象主要为船舶、火车和汽车，综合真实的市场需求数据，全面整合物流、商流以及资金流，借助诸如交易平台、物流平台、信息平台以及金融服务平台等公共服务平台向用户提供人才咨询、海员服务和商业谈判等决策信息，同时，综合物流服务供应链务模式还具有现代电子数据交换功能，可以简化商业流程，促进物流进程。

（2）增值服务模式。该模式可以通过转变货物运输方向，缩短运输时间，为供应链中的原材料和商品提高附加价值。传统的业务范围仅包括装卸货物、中转存储、包装加工、船舶停泊服务以及其他与船舶相关的保险服务等，后逐步发展扩大，趋向一体化服务流程，增添了货物从码头到港口后的陆地配送服务。最初是门到门的物流模式，接着扩展为架到架，后来发展到生产线到生产线，物流领域越来越规模化、综合化。港口物流为周边建立的跨境电商企业仓库集群提供全面、个性化的增值服务，诸如卫生检疫、报关清关、货代船代、一关三检海关等运输代理服务；国际多式运联、国内一票到底等货物代理服务；财产、货运、人身保险等符合国际标准的保险服务以及超一流的法律咨询、律师援助等法律服务。

（3）港口—配送中心—企业—航运、船货代公司—银行的综合供应链模式。该模式在"互联网＋"的技术背景下，以智慧港口物流系统为支撑，向客户提供先进的公开化、透明化物流服务。经过港口电子商务物流平台的功能更新与升级，客户可以通过手机端的港口物流 APP 实时查看自己货物的具体位置，并综合天气环境、交通情况以及防疫政策等因素为客户提前预测货物抵达时间。这些服务功能的增添和升级都促使物流园区由传统的单一功能向多元功能转变。这个转变过程是循序渐进的，不可一蹴而就，需要借鉴先进的物流仓储技术、更换更快捷的交通运输工具，安装自动化的货物装卸设施，总之高效、安全地把货物运输到港口是综合化物流园区的根本目标。这些转变大大体现了服务链的功能价值，同时提高了货物的附加价值，升级港口物流功能的同时满足了顾客愈加丰富的个性化需求。具体流程如图 4-3-5 所示。

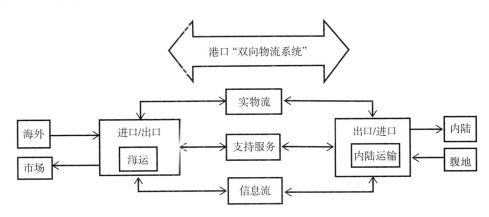

图 4-3-5　港口"双向物流系统"流程

搭建综合功能的港口物流信息平台，使港口物流行业与现代化的电子商务平台紧密融合，发挥出"1+1>2"的效果。当今时大数据时代，借助覆盖域广泛的先进物联网技术打造一体化的辅助决策体系，该体系应具备信息化的管理结构、自动化的办公模式以及一体化的物流供应链。另外，港口物流信息平台的信息服务体系应具备规范的系统标准。将港口打造为具备提供优质、高效、安全的物流服务的物流信息港。具体的物联网信息处理中心系统结构如图4-3-6所示。

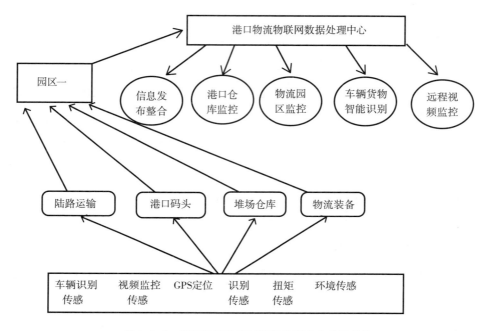

图4-3-6　港口物流物联网信息处理中心体系结构

物流港口的物流服务与产业联动才能为客户提供个性化的优质服务，要实现产业的协调联动，需要依赖跨境电商平台，同时借助网络化、信息化、自动化、智能化的港口技术。构建多元电子数据交换与信息共享平台，在政府、联检单位、船舶公司、码头与企业间建立沟通渠道，信息的及时沟通方便物流、资金流、信息流的整合，用以简化物流运转流程，降低物流成本，提高物流效率。

（4）实行港口物流联盟形式，构建"公铁水空"多式联运的运营方式。港区的环境和资源并不是一直适合港口物流产业的发展，受到国际形势和国家政策等不可抗力因素的影响，为了维持港口物流市场环境的稳定，防止因环境一时恶劣、萧条造成港口物流市场崩盘，给港口物流从业人员造成难以承担的损失，港口物流企业应加强合作，规范产业行为，以联盟运营的形式进行物流服务创新活动。打破传统的港口物流思维模式，加入"互联网"技术，重新对港口物流进行定位：引领创新、单点突破，将"合作共赢"作为新的发展准则。顺应市场的发展需求，实行集卡运输、智能配送等一站式创新策略，搭建完善的港口电子商务平台，实现港口与客户间的信息对等，通过互联网技术拉近客户与港口货物的距离，同时方便客户了解市场货物供需等重要信息，间接地带动当地经济蓬勃发展。综上所述，港口物流联盟合作构建多式联运的运营方式，是物流产业集群服务创新的重要路径之一。

（二）拓展港口物流运输网络

港口物流运输网络的建设是港口物流集群服务创新发展的当前优势，比如，随着海铁联运服务网络的覆盖区域越来越广，影响力越来越大，开通海铁联运的城市逐渐增多，这代表着城市的港口物流集群服务创新能力不断提高，因此，海铁联运服务网络的覆盖面可作为衡量服务创新能力的指标。所以，为了加快海铁联运的城市率、促进海铁联运市场的繁荣昌盛，应该采取一系列有效举措，比如，前期为了提升运量，采取运费补贴的方式，这一方法快速提升了市场的接受度。接下来要逐步建立标准的、规范的竞争价格体系，避免恶性竞争的现象，为了进一步加快海铁、海空联运通道的疏通，应增加建设运河、机场等货运通道，不断优化物流产业集疏运结构，通过港口物流运输网络的构建与布设加快渠道创新。

（三）加大创新资源投入力度

港口物流集群服务的创新需要资源的投入与支持，不仅包括港口的硬件资源，还包括其他与创新活动相关的软件资源。从硬件资源方面来说，硬件设施的优良决定了港口的地位，想要推进港口积极融入港航一体化建设，加快航运服务业发展，就需要从扩大港口硬件规模入手，采取一系列的有效措施，首先，增加船舶位置的数量、提升泊位等级、整合岸线等。另外，码头的装卸设备也应及时更新，这直接关系到港口物流服务的效率，同时采取先进的信息管理技术来优化物流运输流程也是服务创新的重要方法；从软件资源方面来说，安排规范的培训以提升员工素质、优化现有的人力资源，同时加大引进海内外专业的港航综合人才的力度，在港口物流企业内部营造积极的创新与竞争氛围，搭配一定的激励机制调动员工的工作积极性，人才队伍的优化是提高团队创新能力的有效途径。其次，一切创新研发项目都需要资金的支持，因此还需加大研发项目的资金投入，积极推进港口与各类科研企业的合作，加快创新理论转化为可盈利的实体成果，促进产学研一体化机制的建立。最后由港口物流领域向外延伸，因为港口有人才需求，带动了社会市场上针对港航物流人才专门的培训机构的发展，在教育方面为港口物流的软件资源输送人才。

（四）激发港口物流市场活力

从全局角度来看，众多产品集合在一起构成了市场，市场的众多效应中，供求关系是决定是否盈利的重要信息因素，因此，港口要进行服务过程与服务产品的创新，首先就要打开供需信息通道，为用户提供市场的实时动态趋势。港口物流逐步向港航物流升级转变，需要在保持港口物流优势的基础上，建设扩大航运物流产业聚集区，随着国际贸易的繁盛，发展重点应放在中高端的物流服务产业上，高净值客户是未来港航物流发展的重点服务对象。港航企业提供的服务中应增添更多的附加增值服务，如航运保险、法律咨询、国际航运经济等。基于港区的保税政策和倡导科技教育发展的特点，对临港物流服务、船舶供应、融资租赁、航运培训等业务的发展十分有利，航运物流创新资源要素的聚集对航运物流服务集聚示范区的建设发挥了积极促进作用。港口间存在竞争关系，主要在满足客户的多样化需求方面各自升级创新自身的服务水平和方式，这也促使港口企业的物流服务逐步趋向于专业化、综合化。另外，为防止港口企业间使用不正当竞争手段，相关管理部门应根据不同港口的实际情况加强监管力度，创新监管模式，建立开放的监管制度，以规范港口创新行为、促进港口物流产业集群良性发展为最终目的。港口在税收方面，应积极争取财税部门的允许，实行国际贸易"单一窗口"出口退税申报功能的运行，并且，针对本土的航运企业自有船员应采取保护政策，例如实行更优惠的个人所得税减免政策等。

（五）参考国内外经验，综合提升服务水平

首先，对于港口物流的基础设施，应借鉴国内外新型港口的相关管理政策，基础设施进行升级、优化，以保障港口物流的运输效率，提高港口物流产业集群

整体的服务水平。但是，对于港口物流基础设施的优化工作需要投入不小的资金，且周期长，回报效益见效慢，不够规模的私人港口物流企业大多难以承受，因此，当地政府应承担起责任，除了颁布优惠政策外，还要参考国内外新型港口物流的管理成功案例，取其精华去其糟粕，开拓更多的企业融资途径，主导民间投资或外资的引进，为港口物流基础设施的优化工作注资。在这个过程中，还应考虑到企业的投资回报，宏观调控企业在基础设施升级工作中的投资力度，防止一家独大进而垄断当地的物流市场，政府应吸取相关经验，制定并颁布科学的企业投资回报机制，保证基础工作的顺利推进。

其次，从人力资源的角度出发，优化港口物流产业集群内部企业的人才队伍，除了通过浓厚企业文化氛围以及科学合理的企业培训来加强现有员工的整体素质，还应重点引进海内外高素质的港航专业人才。无论在哪个领域，高素质的复合型人才都是众多高校和企业争抢的目标，因此，港口物流企业可以与高校合作，于在校期间对港航专业人才进行针对性的实践培养，通过开展社会实践活动加强学生的专业能力，甚至在企业中为学生安排实习岗位，实地锻炼可以为学生提供将理论知识付诸实践的机会。通过以上举措革新港口物流企业的管理结构，促进企业的良性发展。

再次，港口物流产业集群的服务工作方法要借助先进的信息化技术进行升级、创新。政府在深化科技兴国战略的基础上应大力支持港口物流企业进行技术创新改革，出台相关的鼓励引导制度，予以政策上的倾斜，激励各个港口物流企业积极进行技术升级。引进信息化技术需要资金的支持，港口企业应合理分配资金投入，在高新技术的引进与升级方面要舍得投资，足够的资金支持可以加快技术创新工作的进程。另外，港口物流的服务信息管理系统尚不完善，信息管理、传递工作这一环节并没有受到政府和企业的重视，对于物流企业来说，市场的需求信息具有即时性，在信息收集方面一旦延迟或疏漏，很有可能对企业造成损失，因此搭建一个成熟的信息集成系统是必不可少的。

最后，鉴于港口的非凡战略地位，在政策制度方面，政府要全面加大对港口物流行业的倾斜力度。国际贸易往来纷繁复杂，马虎不得，政府相关部门应细致的划分部门内部的管理权限和工作职责，避免工作出现问题后因权责不明而互相推诿。同时，出台港口物流行业发展相关的法律法规时，要审慎严明，注意干预的尺度，以促进港口物流集群服务企业的良性发展、保护其合法权益为目的，严格防控企业间出现恶性竞争事件，调节、促进产业集群的和谐发展。

五、跨境电商对港口物流集群服务发展的影响

（一）跨境电商的出现为港口物流集群服务体系的高速发展提供技术支持

（1）港口物流产业集群与跨境电商紧密融合，迅速发展，这在一定程度上提升了物流集群内部的整体竞争力，物流集群内部的各个企业为了争取市场份额、稳固客户流，竞相提高自身的服务水平，采取了一系列的措施，比如通过引进高超的信息技术，升级港口的硬件设备，跨境电商企业依赖物流集群现代化的服务行业技术，不仅需要基础的货物装卸运输服务，更需要诸如市场控制与预测工作、产品销售量统计工作以及产品保险、报关清关工作等附加的增值服务。

（2）跨境电商企业是一个稳定的业务平台，基于这个平台的正常运转，港口物流企业的发展更加信息化、网络化、现代化，港口物流与跨境电商的紧密结合促进了信息、营销、配送的一体式系统的建设和完善，随着国内外贸易的蓬勃发展，很多跨境电商企业意识到行业的竞争越来越大，但市场的份额是一定的，想要吸引更多的客户，需要提升自身的工作效率，而与港口物流产业集群合作，利用港口物流企业的服务技术可以大大提升跨境企业的整体竞争力，这也倒逼港口物流产业集群积极进行服务创新活动，将"价值链"理论付诸到港口物流集群日常的服务创新工作中，在跨境电商平台的支持下，推动港口物流产业集群服务系统的现代化升级进程。

（3）港口物流产业集群服务行业搭建与完善自身网络组织系统工作是基于跨境电商企业的虚拟化特征而进行的。由于网购的及时性和覆盖性逐渐增强和扩大，客户对电商服务的要求越来越高，所以跨境电商企业对港口物流集群服务系统的要求也愈加严格，总的来说就是要港口物流在最短的时间内将配送服务覆盖到全区域，因此，港口物流产业集群应科学地整合现有的资源，提高资源利用率的同时降低物流成本，通过服务创新活动增强港口物流的整体服务水平。

（4）对于跨境电商企业来说，提高市场竞争力的关键在于提高配送速度，保证网购的及时性，为顾客提供快捷、便利的服务。这相当于对港口物流提出了很大的挑战，因此，港口物流集群服务行业要搭建并利用信息处理与传输系统网络，保证在最短的时间内将货物安全地配送到顾客手中。

（二）跨境电商的出现为港口物流集群服务体系的高速发展提供市场支持

港口物流集群服务行业在发展中不断寻求开辟新市场的方法，在与跨境电商的结合与融入后，突破点转移到了跨境电商方面，跨境电商企业布局不断完善，整合了线上与线下的资源并畅通了线上与线下的合作渠道，线上的一些发展成熟的网店诸如"天猫国际、网易考拉"等，在线下建设了同品牌的实体门店，因为线上网店已经被大众接受，在一定程度上获得了顾客的信任，因此线下同名实体店的发展比预期要顺利很多．真正地实现了线上线下一体化服务，为跨境电商提高竞争力开辟了全新的市场领域，吸引了更多的消费者前来体验，更加速了线下零售与线上电商的融合，使得跨境商品作为线下零售模式中的新品类在市场消费逐步升级的背景下促进了线上线下一体化消费闭环的打造。国家政府对此乐见其成，并且在政策制度上给予了倾斜支持，鼓励跨境电商企业建设海外仓库，以对接线上业务，从而开拓海外市场，扩大、延伸跨境电商的产业链。目前，全球经济持续低迷，我国跨境出口业务在欧美市场的增速逐渐下降，急需寻找新的增长点，随着网络化、全球化的推进普及，除了成熟的欧美市场，我国跨境电商的拓展目标应向南美、中东欧、东南亚等地区延伸，这些地区的特征之一就是轻工业不发达，因此正好作为港口物流产业集群服务体系的新市场来开发。

第五章　港口物流集群与跨境电商的联动

　　港口作为跨境物品流通最密集的区域，其升级革新与跨境电商的发展动态息息相关，所以应将跨境电商与港口物流产业集群紧密融合、协调发展。本章从港口物流集群与跨境电商的联动发展现状、联动机理以及联动发展路径等方面进行了分析。

第一节　港口物流集群与跨境电商联动发展现状

一、跨境电商发展态势良好，亟待国际物流服务模式创新

　　跨境电商的交易额飞速增长，在区域内设置了多个 B2B 出口试点，开发并推行了"中欧班列""集拼转口"等新模式，积极开拓海外市场，总的来说，跨境电商的发展势头十分迅猛。政府也颁布了一系列相关的政策制度来支持并规范跨境电商的发展开拓，比如自 2021 年起，全国海关设置了 B2B 出口监管试点。在政府的监管下，许多跨境电商专列先后开通运行，比较著名的有"义新欧""苏新欧""上合示范区—明斯克"等，促进了跨界电商模式与"中欧班列"的融合连接。虽然跨境电商发展脚步迅猛，但是港口物流产业集群的相关服务却跟不上发展节奏，港口的保税物流服务能力不足，尤其是在保税仓储、国际集货分拨配送方面还有很大的发展、完善空间，导致跨境电商主要依赖空运配送，只有降低港口物流的运输成本，才能更好地推动跨境电商开拓市场的脚步。

二、两者的信息化不协同，物流信息与电商信息对接成为瓶颈

从当前情况来看，跨境电商的发展依然存在很大的阻碍，由于港口物流产业集群口岸电子平台与电商网络平台的对接并不十分流畅，协调性差，以宁波保税区跨境购物平台为例，海内外的供应链无法实现完美对接，物流信息就无法同步到手机端平台软件上供客户随时查看货物的实时物流信息，因此限制了跨境电商的发展。

三、国际物流环节的关务政策加大跨境电商风险，阻碍跨境电商发展

由于海关监管仓的门槛较高，检疫手续严格烦冗，因此跨境货物的清关流程十分复杂，长时间的清关等待严重降低港口物流的整体效率，影响客户的购物体验感。另外，对于国内外商品的通关标准不一，以深圳口岸为例，对于电器、奶粉以及其他食品，因放行的标准要求不统一，现有的口岸政策不能完全推行，电商企业与消费者往往要承担意料之外的退运事件造成的损失。

四、契合港口物流和跨境电商的复合型人才匮乏，人才问题成为瓶颈

跨境电商与港口物流的融合连接、协调发展的推进工作离不开专业的高精尖人才的加入，从当前的统计数据来看，电子商务领域的人才流失率极高，严重缺乏能够将扎实的理论基础付诸实践的高素质专业人才，针对这个问题，电商企业应从教育入手，与高校合作，对港航物流相关专业进行对口培养，为学生提供行业实习机会，有利于学生将理论与实践相结合，同时还要注重培养供应链管理与国际物流等专业技能。

第二节　港口物流集群与跨境电商联动机理分析

跨境电商与港口物流集群的发展是彼此支撑、相互促进的，任何一方的落后都会限制另一方的发展和进步。

一、港口物流集群与跨境电商的联动关系

（一）港口物流集群与跨境电商的外在关联

从跨境电商企业的角度分析，港口物流集群服务技术的提升会为跨境电商的发展提供有利的环境条件。对作为跨境贸易中关键环节的港口物流产业集群而言，跨境电商的发展会使港口物流集群的规模效应发挥到最大。

"单一窗口"随着港口物流集群服务系统的完善逐步形成，跨境电商的高效应用会加速物流的通关流程，缩短物流运输时间。当前，港口利用已有的信息系统网络，实行"互联网＋通关"的智能港口模式，提高港口物流的整体服务创新水平。在港口的带动作用下，市场的进出口需求成倍增加，物流集群内部的企业间竞争力也明显加大。

跨境电商的迅猛发展为港口物流集群服务系统的完善提供了市场支持，带动了口岸城市的港库建设，除了口岸城市在土地提供、基础设施等硬件支持下，还需要当地政府部门制定相关制度、提供政策倾斜，同时物流相关行业也要为港口物流的附加业务提供服务，比如保险、法律咨询、货代等。港口物流的服务与供应链每个环节的联通和对接是支持跨境电商活动顺利进行的基础，另外还需要海关部门和检疫部门与电商企业加强沟通，协同合作，将政府下发、调整的通关政策及时普及告知电商企业与消费者，避免因信息闭塞、迟缓造成的退运损失。随着国际贸易的逐渐繁荣，鉴于港口的非凡战略地位，在安全方面，国家应加强监管力度，边检部门要承担起责任，配合当地政府，严查由港口货物运输带来的生物入侵、夹带违禁品等问题，规范化港口物流功能。

（二）港口物流集群与跨境电商的内在制约

在当前经济全球化进程飞速推进的背景下，互联网技术发展迅猛，国家出台的政策倾斜力度很大，小额跨境电子商务业务作为新生事物，在良好的社会环境下，以快件或邮件的物流方式得以催生和演变。最初，政府综合考量了各个城市的地理位置和经济发展，选取了五个城市作为跨境电商的营业试点，分别为：杭州、上海、宁波、重庆和郑州。这种跨境电商的营销模式简化了境外商品的销售

流程，借助电商平台，境外商品从工厂出货后经电商平台配送到消费者手中，这个简化的销售模式与传统的海外贸易相比，净利润可翻数倍，这其中巨大的利益使得该市场领域的发展容易产生混乱，因此，国家和当地政府都要引起重视，加强对跨境电商与海内外进出口贸易的监管，海关总署于 2016 年出台了《跨境电子商务零售进口商品清单》并给了一年多的缓冲时间，这也算是港口监管部门在管控方式上的创新，因为跨境电商不需要提供货物来源、原产地证书与购销合同等相关手续，所以更加考验监管部门对跨境电商平台的管控创新，既要达到监管目的，又不能因噎废食，限制跨境电商的发展。

（三）港口物流集群与跨境电商的有机融合

港口物流产业集群的服务功能是跨境电商的重要环节，跨境电商的蓬勃发展也为港口物流提供了市场支持，二者是息息相关的命运共同体，港口作为连接海内外资源与市场的桥梁，跨境电商活动得以顺利开展的基础支撑之一就是港口物流。港口物流整合现有的资源以保证货物顺利通关是优化跨境电商的重要途径，大大提高了进出口货物需求量。在这个过程中，港口物流产业集群的集合能力和物流信息化技术都获得了长足的进步。

（四）港口物流集群与跨境电商联动的运行机制

港口物流集群的综合物流服务体系，在联动信息服务平台的数据共享下，港口、保税企业、入驻快递企业等多个主体间协调配合，分别在综合服务体系提供功能服务，诸如：货物装卸、保税分拨、国际运输以及保税仓储等。基于联动服务平台，在标准的联动机制下，整个服务流程如下：首先，消费者在电商平台上下订单，跨境电商在后台收到订单并向多个主体企业发布出货请求，物流集群的企业按照订单数量打包装卸货物并及时发货，同时将物流信息提交到信息服务平台，最后等待消费者收货好评或者不满意直接退货，被退回的货物会直接回到保税物流企业。

（五）港口物流集群与跨境电商联动的作用关系

跨境电商为港口物流集群的发展提供了市场和业务支持，港口物流集群的服务水平直接影响跨境电商的运行效率，二者的协调联动为消费者提供优质的网购体验。二者的企业效益和盈利也是成正相关关系，如果港口物流出现延迟或者未达到通关标准被退回，则直接限制跨境电商的发展，造成客户群流失。

二、跨境电商对港口物流集群的需求性联动

（一）对港口物流集群资源完备性的需求

完善港口物流集群的基础设施是跨境电商升级发展的突破口之一。高效的通关流程需要物流企业、基础物流设施和配套设备以及相关监管部门的协调配合，每个环节的滞后都会影响整个物流服务体系的效率，所以要保证各个环节的流畅对接，简化通关手续，提高物流服务质量。在整个流程中，交通基础设施通过完善最容易体现升级效果，科学地规划港口站场、码头等区域的道路交通，实现扩能升级，发挥港口多式联运的作用。

（二）对港口物流集群整合的需求

随着国际贸易的繁盛畅通以及新市场的开辟，跨境电商获得了巨大的发展空间，其在迅猛发展的过程中必然会要求港口物流集群提供更高的服务水平，港口物流的效率无法承载过大的进出口货物吞吐量，就会限制跨境电商的发展，因此，港口物流集群要采取有效的措施来提高整体服务水平，从缩短通关时间、降低物流成本两方面入手，整合信息流，将客户订单、物流信息单以及支付单提交到综合信息服务平台。具体的流程如图 5-2-1 所示。

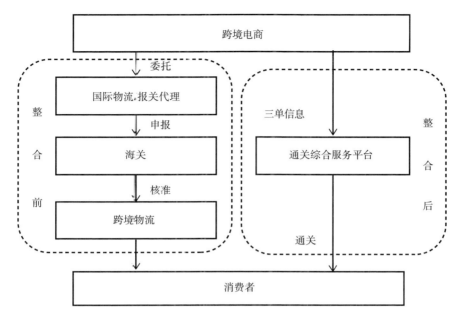

图 5-2-1　流程变化

（三）对港口物流集群创新性的需求

港口物流集群不断创新服务、提高服务水平才能满足跨境电商的发展需求。在经济全球化的背景下，借助先进的互联网信息技术，对港口物流产业集群进行技术升级，为跨境电商提供优质的物流配送服务。在大数据时代，实行智能配送服务的电子港口标志着贸易现代化的进程达到全盛时期。电子港口打破了传统通关模式的烦琐、延迟，既缩短了通关时间，降低了物流成本，又使得监督管理部门的执法工作透明化、公开化，这都是基于综合信息服务平台以及诸如条码技术、EDI 等先进信息技术的支持，信息与数据的共享与互通极大地方便了物流信息资源的整合。

三、港口物流集群对跨境电商的支持性联动

（一）支持全程时效提升

跨境货品想要在最短的时间内以最低廉的成本通关，首先就要从简化通关手续方面入手，因此需要提高港口物流集群的工作效率，对港口物流产业集群进行

集成管理，创新服务技术，促进二者的融合发展。深圳港口的升级创新就是一个成功的范例，首先，深圳港口为完善基础设施建设加大了资金投入，将整个硬件配套设施全面更新到国际上最先进的水平，极大地方便了货物的装卸、包装，缩短了货物在码头停靠的时间。其次，深圳港口在通关业务方面创新了更人性化的模式，大大改善了港口环境，推行"单一窗口"，关检实行"一次申报"，集成管理各大港口组织要素，海关、边检、仓储等部门协调配合，大大提高了货物的实效性。

（二）支持空间效应集聚

素来有"黄金港口"的说法，其内涵就是说港口的资源就像黄金一样珍贵。这里所说的资源主要包含两方面，一个是空间资源，一个是时间资源。跨境电商所占的空间资源不大，但是它就相当于一个枢纽，通过跨境电商可以连接到国际物流、国内物流、海外仓、保税仓等拥有巨大空间的贸易物流市场。想要拉近跨境电商各个环节就要实现时空连线，港口物流集群的协同机制必然要更加完善，从而在空间上发挥"产业链"的集聚、辐射效应，于空间维度上支持跨境电商开拓新的市场。通过外联内接，增强港口的综合服务能力，加强与保税物流中心等产业的连接，扩大对外开放体系的覆盖范围，打造健康积极的市场发展环境。

（三）支持业务领域拓展

政府对跨境电商综试区监管体制进行了改革，在政策的主导下，市场形成了多个综合服务体系，包括不限于信息共享体系、一站式在线资金收付体系、智能物流体系、通关服务体系等，这些体系的建立为跨境电商在国际上打开销路、争取市场份额提供了巨大的助力。以长远的发展眼光预测市场的需求趋势，未来的跨境电商将会收到更多诸如汽车定制、服装定制等定制化、高性价比的订单，另外在食品领域，比如生鲜蔬果的订单也会增加，因为随着经济水平的提高，人们对于生活质量的要求也会随之提升，这就考验了港口物流的冷链仓储技术，对物流的时效要求也提出了可观的挑战，港口物流必将在通关环节上创新突破，整合资源，保证特殊货物的安全、高效运输。

第三节 港口物流集群与跨境电商联动发展路径

一、政府部门完善资源支撑

港口物流集群与跨境电商的联动协同发展是由政府部门提出的倡议，具体措施如下。

第一，升级、完善基础设施建设。首先，从跨境电商的软件及硬件设施入手，借助先进的互联网信息技术，对保税仓库和保税物流系统进行优化。其次，加大用于改善基础设施的投入资金，扩大仓储的规模，升级各个运输渠道的集疏运体系，包括不限于港口码头、道路交通等，实现扩能发展，发挥港口多式联运的高效作用。最后，整合港口的现有资源，展现便捷通关的优势，加强跨境电商企业的基础设施。结合、协调包括电商企业、物流集群、通关部门在内的多个相关主体，发挥产业链的辐射作用与聚集效应，提高物流的整体效率。

第二，发挥"单一窗口"的作用。搭建综合通关服务平台，打通每一个环节，重点加强风险防控、监督管理以及电子政务等平台的服务，促进港口通关资源的整合。基于服务平台，可以对跨境电商与通关资源的协调运行动态加强监控。通关手续办理、检验检疫、海事以及企业信誉评级形成一体式系统，同时货物种类不同，通关流程也不同。一体式综合系统要具备差别化、个性化作用。

第三，政府部门要完善相关法律法规。跨境电商的运营受国际贸易环境的影响程度较大，为了保护并支持跨境电商和港口物流集群的协调发展，国家和当地政府要不断更新制度政策，达到细化、广泛覆盖的要求。结合国际形势，及时完善、调整政策制度，避免不合时宜的法规成为限制跨境电商与港口物流集群发展的因素，为二者打造良好的市场环境。

二、企业加强跨境电商生态圈构建

跨境电商生态圈的建设要解决两方面的问题，其一，提升跨境电商与港口物流子系统的有序度，其中，港口物流子系统的有序度高于跨境电子商务的子系统。二者联动复合系统随着各自子系统的协同配合而发展。其二，以跨境电商企业为核心主体,整合相关资源,加强跨境电商生态圈内多个主体间的信息交流与共享。通过建立生态圈,实现内部组织结构的优势互补,畅通跨境电商、跨境物流、跨境支付的各个环节与流程,降低外贸物流成本,减少结汇手续费,缩短客户等待时间,提升生态圈的整体附加价值,跨境电商企业市场竞争力的提升也推动了生态圈内部良好局面的形成。利用互联网技术搭建一个完善的信息共享平台是建设跨境电商生态圈的基础支撑,从多元主体联动角度来说,生态圈的和谐发展需要政府的主导与监管,跨境电商企业与港口物流集群以及其他相关企业的共同配合与努力,发挥整个物流产业链的辐射作用来集约生态圈。

三、多方主体推进联动发展平台建设

由于港口物流突破了传统的业务限制,向更多的附加增值服务发展延伸,因此仅靠政府和电商物流企业的共同努力不能支持港口物流集群与跨境电商的协调发展,想要增强二者的联动效果,还需要港口监管部门与银行、保险公司、高校科研机构等多个主体的共同配合。影响港口物流集群与跨境电商联动发展的主要原因是各主体之间的配合不够协调,对接不畅通。其一,跨境电商平台与口岸物流的电子平台的信息与数据无法实现共享与互通。其二,港口物流的通关部门与相关企业的合作没有默契,易出现通关手续烦冗,延长物流流程,降低港口物流的整体效率。

为解决以上问题,各个相关主体机构间应加强配合并采取一系列的有效措施。首先,优化人力资源队伍,加强高精尖专业人才的引进,物流企业的员工需要熟悉掌握跨境电商的各个环节流程,如跨境支付、汇率结算以及国内外的相关政策,这对员工的业务素质有极高的要求,物流企业可以考虑与高校合作培养专业的复合型人才。其次,政府要承担起主导责任,在港口物流服务系统的支撑下,利用大数据、云计算和人工智能等先进的互联网技术,构建完善的一体式信息平台,与跨境电商企业的电子平台进行无线对接,两个平台协调配合,实现信息整合与资源共享。

四、提高认识，加快制定联动发展的规划和政策

港口物流与跨境电商的联动发展在未来的物流贸易领域十分重要，港口物流企业、跨境电商运营企业以及相关的监督管理部门都要有这一认知。未来电子商务经济发展的新模式需要多方的协同合作支持，包括不限于跨境电商平台的内外互通、港航物流体系的高效运转以及合理匹配的联动协同机制等。按照跨境电商与港口物流的融合情况，国际贸易的供应链各环节都应细致布局，包括不限于保税仓储、跨境电商运营以及国际采购，在港口集群内部贯彻实施跨境电商聚集规划，在全国各地的保税港区、国际物流园区等区域普及推行，加快港口物流与跨境电商的融合速度。

五、打造联动支撑服务体系，提升跨境电商物流服务水平

想要提升跨境电商物流的服务水平，光靠跨境电商企业自身的发展是不够的，政府应采取恰当的补贴政策，相关部门应积极引进跨境电商企业在港口物流产业聚集地建仓，在一定限度内降低门槛与要求，想要从源头上降低物流成本，应实行保税集货模式和转盘分拨模式，这些软件模式需要电商企业在港口物流聚集区域建立自己的采购、分拨和配送中心等硬件设施来支持，在海外采购的过程中，还涉及重复性物流环节、报关清关环节、检测检疫环节等。与此同时，在港口物流产业聚集区要引进各个快递企业拓展后续的物流运输渠道，快递企业的日常运营也需要一系列详细的流程标准，比如快递发货、退货的进出口报关清关和税费的缴纳等，对接好国际货代和保税仓储，整合、形成跨境物流的一体化平台体系。

六、搭建对接联动发展信息服务平台，实现网购全程物流信息互通

在电商协会、银行、税收、海关等单位的协同下，港口物流的产业集聚区的主管部门应担负起促进跨境电商企业与物流企业融合发展的责任。跨境电商企业的服务应该趋向透明化、可视化，让消费者可以直接通过电商买方界面查询到货物的实时位置信息、库存信息、清关信息等，这就需要完善信息服务平台，使其与电子口岸、特殊监管区域、保税仓储物流中心实现数据共享与流通，网购物流

全程信息的透明、互通大大满足了客户的需求，有利于增加客户对港口物流和电商平台的信任，提高客户的购物体验感。

七、依托大数据手段，加强物流需求分析水平与库存控制水平

当前是数据时代，大数据分析模块可以准确预测出国际供应链各环节的真实需求，有效对接各个物流环节，比如国际保税仓储、国际采购、国际分拨配送等。另外，跨境电商的供应链柔性和港口物流的技术水平也因数据时代的发展得以提升，运用大数据手段可以对跨境电商的物流需求分析能力和库存预测控制能力加以强化，从而降低物流成本，通过改良国际采购集货模式、网购保税模式、国际分拨配送模式，全面提高响应效率，为客户提供更优质的服务。跨境电商与银行、风投的数据信息的对接都需要大数据技术的支持，有利于吸引、聚集多方资金投入，为企业的融资开拓了更多的渠道。

八、利用移动电商技术，开发配套跨境电商的移动端物流信息平台

未来电商的发展趋势之一就是移动电子商务，当前移动商务应用和整合技术迅猛发展，例如可响应式网站设计、一站式数据平台等。因此，应该引导跨境电商企业学习、模仿移动电商的发展模式，强化跨境电商信息与移动终端的对接，促进港口物流企业开发对应的跨境电商的移动端物流信息平台，全方位地开拓电子商务销售渠道。

九、加快高素质混合型人才的培养，打造扎实的人才基础

港口物流产业聚集区和跨境电商的发展都离不开人才的贡献，因此要有明确的人才发展规划，基于港口物流产业集群和跨境电商区域产业布局，打造优秀的人才队伍体系，为港航物流业和跨境电商的发展提供人力保障，员工的素质决定了企业的活力，一个优秀的人力资源公共服务平台可以促使跨境电商企业与港口物流企业在高校的科研技术力量与人才培养力量下，加强混合人才培养与产业研究，以行业需求为导向，整合各方在人才培养、在职人员培训以及科研投入等资源，建立完善的教育科研体系。

十、建立港口物流集群与跨境电商联动水平评价体系

目前，我国的港口物流集群与跨境电商的联动发展到了一定的程度，其实际的联动水平需要进行客观的量化评价，因此，探索影响联动水平和联动效率的关键因素，建立港口物流集群与跨境电商联动水平评价体系，为今后的发展寻找更有前景的方向，为今后解决可能会遇到的问题积累经验。

要建立评价体系，可以参考港口物流集群与跨境电商联动三层指标体系，具体的指标如表 5-3-1 所示。

表 5-3-1　港口物流集群与跨境电商联动评价指标体系

一级指标	二级指标	三级指标
产业集聚度	物流企业集聚规模	参与跨境电商的物流企业数量
		年度新引进物流企业数
	跨境电商企业集聚规模	跨境电商企业数量
		年度新入驻跨境电商企业数量
信息化水平	信息查询及时性	信息从物流企业反馈到电商企业的时间
		物流信息反馈到客户的时间
	信息共享平台	物流企业获取订单信息的时间
		各部门查询交易和物流信息的时间间隔
	部门间信息流通度	信息平台链接的部门数量
		各部门上传信息的时间间隔
联动水平	企业间联动水平	下单与发货指令间的时间间隔
		跨境电商库存周转率
	部门间联动水平	关务与商检的连接时间
		单件产品保税期限
	企业与部门间联动水平	单件物品平均通关时间
		物品过关检率
联动效果	客户满意度	出口跨境物流时间
		进口跨境物流时间
		退换货物流时间
	相关企业收益	跨境电商企业利润
		物流企业跨境电商物流服务利润率

参考文献

[1] 刘青 . 基于跨境电商发展环境下的国际物流模式分析 [J]. 商场现代化，2019（23）：51-52.

[2] 喻娟 . 浅议跨境电商中物流的现状问题 [J]. 东西南北，2019（15）：84.

[3] 孙秀英 . 跨境电商背景下物流网络风险管理研究 [D]. 大连：大连理工大学，2018.

[4] 刘文洁 . 跨境电商中国际物流模式分析 [J]. 现代国企研究，2018（12）：159.

[5] 胡碧琴，赵亚鹏 . 创新视域下港口物流产业集群与跨境电商联动发展研究 [J]. 商业经济研究，2016（08）：102-103.

[6] 郝杨 . 基于跨境电商环境的国际物流模式分析 [J]. 商场现代化,2016（17）:51-52.

[7] 陈新雷 . 跨境电商环境下国际物流模式的若干研究与讨论 [J]. 中国市场,2016（23）:121.

[8] 陈丹 . 基于跨境电商发展环境下的国际物流模式研究 [J]. 现代营销,2017（12）:224.

[9] 张援越 . 跨境电商现状及其国际物流模式选择 [J]. 产业与科技论坛,2017（19）:19-20.

[10] 沈珂 . 基于跨境电商环境的国际物流模式探讨 [J]. 商业经济研究,2016（14）:61-63.

[11] 周昌林 . 基于港口的物流产业集群形成机理与政府作用研究 [J]. 商业经济与管理,2006（11）:11-14.

[12] 曹淑艳,李振欣 . 跨境电子商务第三方物流模式研究 [J]. 电子商务,2013（03）:23-25.

[13] 范云兵 . 跨境电商日盛 [J]. 中国物流与采购,2014（09）:38-40.

[14] 向钇樾.跨境电商环境下国际物流模式分析 [J]. 现代商贸工业 ,2016,37
（02）:48.

[15] 庞燕.跨境电商环境下国际物流模式研究 [J]. 中国流通经济 ,2015,29
（10）:15-20.

[16] 仝冰.浅谈跨境电商现状及其国际物流模式选择 [J]. 品牌（下半月）,2015
（04）:37.

[17] 鄢飞,董千里.物流网络的协同效应分析 [J]. 北京交通大学学报（社会科学
版）,2009,8（01）:28-32.

[18] 高雪岩.临港产业集群与港口物流协同发展研究 [D]. 大连：大连交通大学,
2017.

[19] 张夏恒.跨境电商物流协同模型构建与实现路径研究 [D]. 西安：长安大学,
2016.

[20] 靳娟.港口物流与临港产业集群耦合关系及管理优化研究 [D]. 成都：成都理
工大学，2015.

[21] 刘琳婧.港口物流产业集群与沿海区域经济互动发展研究 [D]. 青岛：中国海
洋大学，2014.

[22] 黄耀.港口物流产业集群与港口经济发展的关系研究 [D]. 重庆：重庆工商大
学，2014.

[23] 顾亚竹.港口物流园区战略管理 [M]. 北京：中国物资出版社，2008.

[24] 郑俊田.港口物流 [M]. 北京：中国海关出版社，2018.

[25] 华树春，李玲，郑锴，等.跨境电商概论 [M]. 北京：中国海关出版社，
2018.

[26] 谢海燕，常颖.跨境电商国际环境实务 [M]. 北京：中国海关出版社，2019.

[27] 王琦峰.临港现代物流产业集群服务模式创新研究 [M]. 杭州：浙江大学出
版社，2014.

[28] 宾厚，王欢芳，邹筱.现代物流管理 [M]. 北京：北京理工大学出版社，
2019.

[29] 王之泰.新编现代物流学 [M].4 版.北京：首都经济贸易大学出版社，2018.

[30] 汪长江.舟山群岛新区港口物流发展研究 [M]. 上海：上海交通大学出版社，
2017.